不管人生有多複雜，至少你的心可以簡單一點

徐竹——著

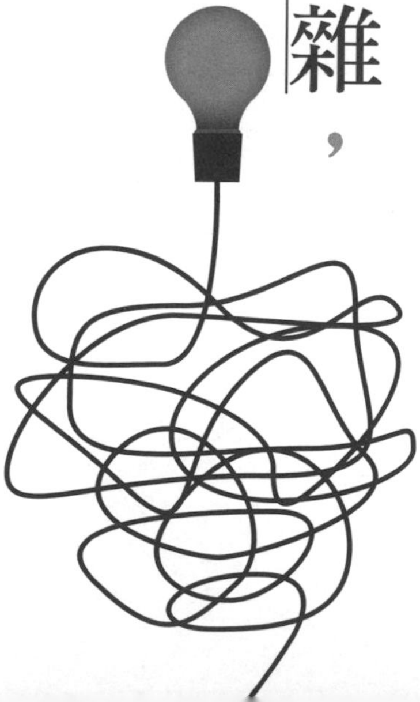

我們都要把自己照顧好，
好到遺憾無法打擾。

——五月天《好好（想把你寫成一首歌）》

作者序

最近比較煩，不只有點，是很煩

有時想在家好好寫點東西，會被莫名其妙的事情打斷，譬如接到了「魔王」的電話、聽到好朋友的壞消息、遠在他鄉的朋友似乎有了新歡等等，都難以抵擋的壞了原本好好的心境。

現代人要保持寧靜越來越難了。尤其在不景氣時，似乎每個人的生活都起了變化，有煩不完的事情。

我那個發呆也能掉淚的「本事」，此時好像完全不管用了，心亂得毫無頭緒，在一個輕度颱風來臨的深夜，感到嚴重挫傷。

編輯曾說我每次寫一本書，書名好像都會和我當時的生活有關，像是一種預兆。如果是這樣，下一本我該寫什麼呢？「快快結婚去吧！」、「戀人啊，回頭是岸」或是「我住在金礦裡」，嗯，或許會好一點。

別嘲笑我太天真，有時讓想像力馳騁一下也是一種快樂呀！尤是對必須在社會上打滾承受壓力的成年人而言，我們大部分都是依照別人的意思而活，很少有機會給自己一丁點空間喘息。逃脫！變得那麼的奢侈，卻有絕對的必要性。

像我這樣靠十一路公車行走的人，有時候也會搭上某班列車，或是捷運，漫無目的地流浪，小小失蹤一下、探險一下的感覺其實蠻不錯的，等轉車回家時，也許會有些新想法和新的心情去面對人生的trouble。

那天在編一本翻譯書時，看到這麼一句話：「快樂是一種選擇」，雖然是簡單的一句話，卻令人感觸頗深。

是啊！人生可以有很多選擇，但是大部分時候，我們忽略了應該有的正確方向，老是為自己添煩惱。可能基本上我就是一個極度猶豫的人，做事情會想來想去，總是為了想要找到一個最完美的解決辦法而苦惱萬分。

最後才發現，這世上沒有所謂「最完美」的事。任何事情都有好的一面和壞的一面，而我們所能做的，就是要知道什麼最適合自己去做，而不是依循其他人的意見，或是祈求上帝或神明，這樣的話是不能解決問題的。

曾有段時間我和朋友們一起做了一些投資，但因未及時因應景氣作調整，而賠得血本無歸，在慘賠的那段時間，我們試圖扭轉，但都是徒勞。真正的解決辦法在哪？我們越是投入，就越感覺無計可施。

如果妳對任何事情，都朝著令自己快樂的方向去設想，以讓自己心情愉悅為原則，那麼得失之間，就不用太計較了。如果住大房子讓自己貸款沉重，比起龐大的經濟負擔，倒不如換到小一點的房子住，經濟壓力變小了，生活自然就比較輕鬆快活了。

假使你非得要求住宅品質，那就要忍忍口腹之欲，看到美麗衣裳，欣賞勝過手癢買下，想出國旅行就先看看旅遊節目過過癮就好，畢竟想要有所享受就必須有所犧牲。

古人說：「一石在手，勝過二鳥在林。」光是羨慕那些得不到的東西，是無法真正享受生活樂趣的。

欲望是無窮無盡，不可能有滿足的一天，如果能力不及的時候，我們只能選擇自己最能得到滿足的部分，這就是製造快樂的前提。

這本寫給許多和我一樣的讀者分享，希望打從心底，我們相互鼓勵、撥雲見日，為打造美好的明天而努力。

CHAPTER
— 01 —

自己的命運自己決定

CHAPTER
— 02 —

不為自己設限，開創一條屬於自己的幸福道路

CHAPTER
— 03 —

做自己心靈的主人，別成為情緒的奴隸

CHAPTER
— 05 —

與其選擇與敵人作對，不如運用智慧化敵為友

CHAPTER
— 06 —

建立正確的人生觀，才是創造快樂生活的方針

CHAPTER 01

自己的命運自己決定

與其在烏煙瘴氣的工作環境中求生存，不如鼓起勇氣換個好老闆

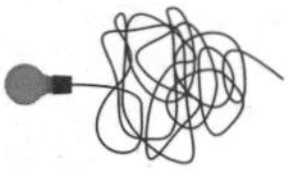

離開，少了一份糊口的固定薪水，不離開，馬上又陷入原本使你想離開的掙扎困境中。

這是一個很難抉擇的問題，不斷掙扎只會消磨你的志氣，變得一事無成。

向傑自從進入這間公司之後，就覺得同事的氣氛怪怪的。後來才發現這裡勾心鬥角以及搞小團體的情況很嚴重。他本性善良，而且早已習慣美商公司的作風，所以來到這樣的公司上班反而讓他處處覺得格格不入。

但是為了繳房子貸款，他勉強忍了下來。

總是這麼告訴自己，凡事盡力就好，何必去管別人怎麼勾心鬥角。

「向傑，我今天開會時有些提議，你一定要幫我……」同事小蔡在他耳邊叨叨絮絮著。

「如果是合理的、對工作進展有益的，我一定會支持。」向傑回他。

「當然、當然……」

不料在會議進行當中，小蔡所提的全然不是那麼回事，只是單單為了特定的某些人謀福利罷了，對其他認真做事的人顯得很不公平。

「這項建議我們這組的人已經表決通過了，對不對？」當小蔡眼光掃過向傑，向傑卻不置可否。

這下子得罪小蔡了。

「向傑，下回你做報告時不用那麼老實，價格就報高一點，讓我們好辦事嘛！」又一回，會議一結束，同事就把他拉到茶水間遊說。

向傑不明白他的意思。「能為公司著想，替公司省錢不是很好？」

向傑覺得自己的作法沒有錯，但因此又得罪了人，而且得罪的並非單單只是一個人而已。要知道，就像先前提過的，這些人背後都有一個小團體，他們的靠山有可能是一個主管、經理甚至大老闆，因此只要得罪其中一個人，就等於得罪了整個團體。

於是，想為公司盡心盡力的向傑，竟然在一場人事重整的風波中被掃地出門。他始終搞不懂，自己究竟錯在哪裡？

當然，向傑沒有錯！只是他選錯了公司，進了一間混水摸魚的公司。怪只能怪他倒楣，沒有適時看清楚真相，全身而退。

在措手不及且覺得委屈的情況下離開公司難免會有些心理上的不平衡。但往另一方面去想：不過是別人幫你釐清了真相，不是嗎？

離開是一種「福氣」，留下來才是「真的不幸」。那樣的環境只有「空汙」，汙染你的心，模糊你對正確價值的判斷，所以也別覺得有什麼好可惜的。和一群混水摸魚的人胡搞瞎搞，到頭來只會讓真正有實力的人在那裡消耗掉志氣，虛度時光，耗損你的能力，使人變得一事無成。

如果你也有類似的狀況，保有真正的自己、可貴的情操，才是保有自己最大的資產，畢竟留得青山在，不怕沒柴燒。人要有遠見呀！

你正好可以利用這段空檔喘口氣，回到屬於你的世界，約幾個好朋友，聽聽他們是怎麼想的，也許你會發現，這個世界還是有些地方存在著和你理念相同的人。

真正的朋友是不會陷害你的，真正的朋友是不會說假話的，從他們的言談之中，你能更堅定原有的初心及良好的信念。

就把這樣的不愉快當成一段歷練，下一回找工作時，明白說出自己的信念，找一個相同理想的公司，和優秀的主管一起奮鬥，想到將會要跟理念契合的夥伴一起工作，幹嘛還要難過！

光想到離開那群「汙泥」，而重新得以「身心健康」，就足以彌補你那一段缺憾了。

生活一成不變太過乏味，改變節奏，可以激發你的熱忱

人不同於機器，無法忍受永遠一成不變，即使你的個性再怎麼穩定，也會希望在生活中增添一點新鮮感，工作也需要有些許的刺激才不至於彈性疲乏。

心儀與老公的恩愛程度是令許多親友感到羨慕的，因此她只有和那些三姑六婆討論報章媒體上八卦的份。

「唉唷！妳知不知道以前那個公司的同事小潘，後來不是去當空姐了嗎？」

「聽說她嫁入豪門了呢！」心儀記起這個人。

「呵！」有人發出不屑的笑聲，接下來所有人等著聽「好戲」。

「她呀！有福不會享，養了一個小白臉，硬是給她老公捉姦在床。」

「唷！真是腦袋裡不知裝些什麼！」

幾個「閒閒沒代誌」的太太聚在一起，盡是拿這些無聊的八卦話題打發時間。藉由八卦來突顯自己婚姻的幸福感。

「咦？美代呢？」

太太們有人提起，她們這才想到美代已經失蹤好幾次的聚會了。

「聽說她離婚了！」有個和美代走得比較近的太太小聲說。

「她老公養了小老婆，讓她覺得面子掛不住。」

這群女人嘆息聲、噓聲四起。不知是替她惋惜呢？還是同情。其中不乏刻薄的說嘴。

「難怪不敢再來聚會，原來是怕面子掛不住。」

其他人面面相覷，沒人敢吭一聲，多多少少都懷著心虛的情緒。夫妻相處久了，哪一對不是或多或少發生過問題，只不過大家都愛面子，沒人願意扯出來談而已。

「還是心儀最幸福甜蜜了！」

有人起了頭，把大夥的注意力轉移到心儀身上。

「是啊！是啊！我老公對我是還不錯啦！」心儀不自覺地紅了臉。

「豈止是不錯，是很不錯。哪像我那死鬼老公，叫他載我去哪，就像要他的命一樣。」

大家對心儀都羨慕得半死。

沒想到幾年後，這群固定聚會的太太人數銳減。就算好不容易湊上一半人數，也沒有人再把話題往那些出軌的情事扯，大夥都心知肚明。

最叫人跌破眼鏡的是，最後連他們的「中堅會員」心儀也失蹤了。

幾經打聽，原來連號稱模範的心儀夫婦也難逃厄運，而且第三者竟是當年力捧心儀為最幸福的那名太太。

看起來這樣的情況好像和工作毫無關係，但其實在這裡正是把感情出軌比喻成職場的情勢，在人性上是道理相通的。

人不是機器，無法忍受總是一成不變，即使你的個性再怎麼穩定，也會希望在生活中增添刺激。這樣的行動會讓你全身細胞像是重新活了起來，再度感受到熱情，這一點對於上班族來說是很重要的。

所以，在長期平淡的婚姻下，想「落跑」的心也就讓許多人蠢蠢欲動了。如果另一半還不能正視問題的話，那麼造成的後果可能慘不忍睹。

同理可證，工作也需要刺激一下，可以是放下工作去遊學充電，或是去旅遊放鬆心情。這絕對是有益身心的，而且會延長你在工作上的熱忱，延續工作的生命期，讓你不至於太快就彈性疲乏。

如果你現在正面臨工作的空窗期，那正是一個好機會，趁機休假去走走也好。

不忘初心的堅持與努力，夢想將離你越來越近

任何人都會在人生的旅途碰到挫折和瓶頸，沒有人能僥倖逃過。將來會不會成功，以後會走上哪條路，就看當下的那一個關鍵點，自己做出什麼樣的決定。

一天在出差的途中，聽見有人喚我許久不曾聽到的小名。抬起頭，果然一個熟悉又陌生的人影映入眼簾。

「我叫你好久了。」他說。

這才恍然大悟，他是我幾年前的同事。那時我們非常要好，一票同事常三不五時聚在一起鬼混。後來隨著我經常性搬家，還有工作性質離新聞圈越

來越遠，和這票老同事也就逐漸失去聯絡。

再度聚首，心中的激盪自不在話下，因為他，和斷了線的過往重新連結，一路在飛機上，往事一幕幕湧現。

我以為和他可以滔滔不絕的聊個不停，難得老朋友相見嘛！更何況從前我對於他還有那麼一點點愛慕之情。

但事實卻出乎我自己意料，和他有一搭沒一搭的聊著，我反而坐立不安，甚至有時候沉默以對。

為什麼我寧可閉口發呆讓自己獨自沉澱在過去那段回憶，而不願和他分享現在的生活點滴呢？

那是因為感覺上他變了，彼此言語變得索然無味。他口沫橫飛談得全是現在工作的生意經。

「唉！人嘛，就是圖一口飯吃。」

他的話讓我心驚。

「你知道嗎？今年初我差點結婚，但是後來卻和女友分手了。」他說。

雖然這事離我很遙遠，但我總得表現出一點關心，「你精神那麼差，一定是很傷心吧？」

「不！」他無精打采的揉揉眼睛，「我是因為昨晚看漫畫書看到凌晨三點，早上差點爬不起來。」

我感到悲哀，打住和他繼續扯下去的念頭。

想到當年，那麼有理想、意氣風發的一群年輕人，聊著前景、理想以及對於工作的想法和自己的觀點，我們都是那麼以身為媒體第一線而感到驕傲的人，天真的以為那就是我們的天職。

離開了幾年，我轉換跑道，雖然起起落落，但至少持續文字這項工作。而他，卻變成生意人了。

不再有所謂的正義感與理想抱負，也許對於眼前的他而言，如何賺到房子、車子、銀子的念頭早填滿他的腦袋，他不再談什麼理想抱負了，因為那樣做對他而言——不值錢。

「我一直覺得你是個天生的記者。」

記得多年前我曾經這麼對他說過，現在仍想再提醒他一遍。

「那賺不了幾個錢。」他回答。

一個無法改變的事實。

這個故事不是想訴說我到底有多感傷，而是提醒在最黃金歲月裡，你是選擇了將來能讓自己得意的人生，還是寧願只求物質的滿足，而渾渾噩噩過一生。

任何人都會在人生的旅途中碰到挫折和瓶頸，沒有人能僥倖逃過。會不會成功，將來會走上哪條路，就看在當下這個關鍵點，你做了什麼決定、選擇。

如果你可以保持著一顆樂觀的心，在工作上遇到困難，這條路不通了，繞一下路總可以吧！就算要花上更多的心力、時間，但一想到前頭有著甜美的果實等在那裡，再辛苦也都值得堅持下去。

最重要的就是不要放棄心中的那份堅持，和充滿希望的活力。在多年以後，驀然回首時你會發現，經過多年的洗禮，你變得更優秀，更加茁壯，因為你不斷進步，而且不放棄心中的夢想。比起當時的你，生活充滿了喜悅與滿足，因為你沒有被失意與挫折所擊倒。

這世界不是圍繞你而運轉，你得時時做好符合時代腳步的準備

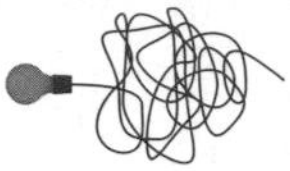

這世界並不是以你為中心而運轉，你得時時作好準備，調整好你的步伐隨著時代的脈動前進。

不管你是住家裡或是單獨在外的人，相信都有習慣在入睡前調好鬧鐘，訂好明日起床的時間。

調好鬧鐘，猶如賽跑比賽開始的那一聲槍響，提醒你該衝刺了。也許是為了啟動開始工作的時間、趕搭一班車、一場約會……總之，調對時間為一日之始。

我們常常在上班途中，看到那些加快腳步狂奔而過的人，正在為最後的

準點衝刺。相信我，那必定不是他第一次遲到的記錄。

許多的老闆看重「出勤記錄」遠超過其他表現，尤其對那些吹毛求疵的人來說，不讓自己遲到是在公司生存的第一守則。

我們依賴著鬧鐘，提醒我們下一步計畫，何時該起身行動，何時喊停。

萬一它不管用了呢？我們依然會在清晨六點鐘醒來？在七點半走出家門？或趕上清晨六點的早班飛機嗎？有人說：我習慣了，又有人說：就算有十個鬧鐘，也未必能準時起床，更何況沒有鬧鐘呢？

你是哪一種人？是心裡早做好準備起床，還是被三催四請仍窩在溫暖被窩裡，賴著不肯起身的那一種呢？

如果你的心裡尚未調整到與工作一致的步調，又怎能怪「厄運」找到你頭上呢？

抱怨景氣太差，連累你丟了飯碗、公司倒閉、貸款沒著落……自己卻從未做過檢視的功夫。

一個經常向我抱怨這個景氣太差，經濟政策太糟的朋友，始終在不穩定的職場中擺盪。和他同車就是一項「可怕」的經驗。

明明別的車在巷口緊急煞車讓他，他還要大罵對方開車不長眼。明明占了左轉車道的位置，還要怪別人綠燈卻擋在前頭，造成交通阻塞。這種人你怎麼說得過他？老愛把國外的制度、民情拿來作比較，卻不願正視眼前的問題。就把生活的問題放到他選擇工作的態度，其實也是大同小異。

當有兩個機會給他選擇時，一個是需要經常加班、前景看好，是許多人擠破頭考不進去的工作與另一個是輕鬆可以放長假的工作同時找上他，他又以輕鬆為首要考慮的原則，選了後者。

爾後，他又會有一長串的抱怨不絕於耳。可想而知，你看到的是一個失敗的典型。

為什麼會導致一個人老覺得自己過得不好，身陷水深火熱中呢？因為他沒有調好心裡的時鐘。他不知何時讓自己起身去解決問題，何時該闔上眼讓自己放鬆休息。

不要老是怪不公平的事發生在你身上，重要的是你調整好腳步去迎接它了沒有。這世界不是圍繞你而運轉的，你得時時作好準備去符合時代的腳步。

當然，有時我們不免走得太快或太慢，但依恃心中那把尺，把握住我們做事的準則，它總不會偏離軌道太遠。

停止抱怨了吧！因為明日醒來你依然得起身，走出家門，迎向你的人生。閉上嘴巴，心胸才能保持開朗，火氣才不會越燒越旺。你要學會即使失去了鬧鐘，依然要保持你的世界正常運行。**Don't be late**，在黎明初起時。

選擇你想要的，不要在乎別人怎麼看你

千萬要認清「阿拉丁神燈」中，主人和燈奴所扮演的角色，並且切記謹慎選擇，看自己要做擦拭神燈的人，還是那個只求付出以換取自由的巨人。

你可曾想過做自己的主人？在大企業底下忙碌工作的員工，每個人都像是被操縱的傀儡，你所有的努力逃不過規則下的侷限。或許你會不服氣地這樣辯駁：「我所有付出全是為了打好基礎，儲存實力，創造美好的未來。」

這實在無可厚非。只是，你「選」對地方了嗎？大部分工作要求的「付出」遠超過你能學習的部分。

還記得那個「阿拉丁神燈」的故事嗎？

一個小男孩無意間在海邊拾得了神燈，釋放了高大又神氣巨人燈奴。而這燈奴卻願意聽從一個小孩的指示，並且替他實現願望。

你願意當神燈裡的燈奴，還是那個小男孩呢？

在現實上，你的老闆就是那個小孩，擁有堅強實力的部屬，所有員工們也不過就是如同那個燈奴，專門為「主人」實現願望罷了。

所以，你認為你的上司或老闆太無能、太笨拙，卻又看輕你的工作能力，處處令你無所適從嗎？

事實上，那是正常的。他們就是那個老要求願望，卻長不大的小孩。如果你能這麼想，心情是不是輕鬆許多了？

如果你覺得疲累了，就想像自己是阿拉丁神燈裡的巨人吧！你只需要完成三個願望，那就是上司對你所要求的，忙完了，結果就是屬於自己的；不管是車子、房子、薪水，或是其他有形無形的報酬，全都是你應得的。

如果「不幸」你被三振出局呢？想想，和那個無知的小孩計較什麼呢？找一個成熟一點的「大人」來伺候，誰說不會更好？

曾有一篇報導，某一個廣告圈的大將剛開始踏入社會，一個工作都做不到，持續幾年的漂泊與試煉之後，才真正找到屬於自己的戰場，最後一舉成名。

如果你還在那裡遊蕩，別怪這個就業市場，也別輕易對自己失去信心，這一切不過是你尚未踏上那一條適合你的路罷了。也許你就像是那個被關在神燈內的巨人，還沒被釋放出來施展才能。

誰才是識貨的老闆？走在車水馬龍的街道，你為前途感到茫然，為自己遇不到「伯樂」而感傷。也許，一不小心發現報紙求職欄裡那些「感人肺腑」的廣告台詞，就又巴不得投入另一個「火坑」了。

但是，先暫且停住你的腳步。因為你現在最該有的不是情緒上的感傷或衝動，而是冷靜分析現況，記住在沒有人認識你、瞭解你的作為之前，你才是自己識貨的老闆。

做自己的主人。你絕對有資格把自己安排或放置到某種角色的扮演中，沒有人可以左右。

只要開始試著做自己心目中的巨人，你散發出的自信會慢慢影響別人的觀感，會逐漸受到重視。

昂首闊步吧！何必在乎那些小男孩化身的「魔鬼上司」對你造成的打擊呢？

你依然是自己的主人，選擇你想要的，不在乎別人怎麼看你。實現自己的理想，總比老是去完成別人的願望好吧，不是嗎？

把失業當轉機，不要讓一時失意打擊了志氣

不要讓一時的失意挫敗你的志氣，所謂的目標，不是獲得一個飯碗，或是緊咬著不放，而是想把自己放到什麼樣的定位，想成就什麼樣的事業。

這年頭在景氣低迷的影響下，有人紛紛丟了飯碗或轉換跑道，這從計程車數量暴增、上班時間在街頭閒逛的人不在少數的現象，可以明顯看出。

打電話給朋友最常聽到的一句話是：「我要離職了！」，聽到的機率永遠高於「我找到工作」。

那些家庭背景比較雄厚的友人早早溜到國外，美其名為「進修」，其實「逃難」去也，怎麼會不讓我們這些動彈不得的小市民嫉妒得眼紅。

職場倖存的殘兵，除了繼續咬牙承擔加倍的工作外，連「吭」也不敢

「吭」一聲，深怕一不小心就要被掃地出門，加入「失業」的行列。

為什麼走的是你不是「他」？關於這點，我也想發出同樣的疑問，然而怕再次觸及痛處，徒然引來更大的哭聲。

相信在如此景氣不佳的時期，沒有人會懶惰到丟了飯碗，想必面臨此無奈運途的你也一定試圖用盡全力保住你的職位，只不過運氣不好被淘汰掉了。

我們姑且當成你真的真的很努力，或許你的老闆並不肯定你的這份努力，他沒有眼光，為什麼不讓自己放開心情這麼想呢？

既然這個主事者不肯定你的能力，不如找個識貨者替他賣命，至少活得還比較有尊嚴吧！能有機會停下來仔細想想是好的，另闢戰場也許會更容易達到目標。

在這裡提出的重點是——你到底為自己設定目標了沒有？所謂的目標，不是獲得一個飯碗，或是緊咬著現在的職位不放，而是想成就什麼樣的事業，想把自己放到什麼樣的定位。你總不會想一輩子跌跌撞撞，人浮於事

吧！

我曾看過在上位的主管一臉窩囊的樣子，即使在公司內有個中階地位了，個性還是唯唯諾諾，深怕得罪任何一個人，對上抬不起頭來，對下使喚不動。

公司內部員工都瞧不起他，老闆也屢屢投以不屑的眼神，但是他就是能熬。他如履薄冰的過日子，無非就是深怕得罪任何一個人導致他工作不保。

這樣的人或許在你我的工作職場中都碰過，你當他是什麼呢？一條蟲。看那些蟲在泥土裡滾來滾去，吃些腐爛的東西，逃避和偽裝是他們唯一生存的法則。那樣的人甚至連毛毛蟲都稱不上，因為毛毛蟲有一天終會化成美麗的蝴蝶，到處鑽的蟲，是看不到美景在哪裡的。

你想成為一條蟲，還是一條龍？生存，從來都不是件簡單的事。網文「在滿心期待他人的救贖前，先救援自己吧！不管結果怎麼樣，自己不先努力，最終，誰也救不了誰。」這段話，送給心中有委屈的人。你想終日渾渾噩噩、近視短利？還是為自己規劃一張漂亮的藍圖，一步步向前邁進，實現理想，做一個有尊嚴、令人敬重的人？

若往好處想，踩空一小步那算得上什麼挫折。不是有句老生常談的話是這麼說：「失敗為成功之母。」

把失業當轉機，不要讓一時失意打擊了你的志氣。隨時保有充沛的戰鬥力，路途再遙遠，終有你的一席之地。

何必和一堆「蟲」過不去呢？再說，失業也總比失去人生目標好吧！

把命運掌握在自己手中，而不是隨人擺佈

「限制」有時是好的，而「壓力」也能幫助人成長，但是如果你有一種「受困」的感受出現，它就傳遞了負面的訊息；這訊息可能是停滯你的發展、不適合你的屬性，只有你可以爭取突破這瓶頸。

雖然我們沒蹲過牢房，但你不會否認有時免不了有一種「坐監」的感覺。

結交了一個終日緊迫盯人的男朋友、欠地下錢莊一屁股債，窮到出門都自卑、上一個男朋友揚言要將妳毀容、生病受傷躺在床上……，這些都比不過你每天得花八小時以上的時間，坐在你覺得乏味的辦公桌前，那真的才是

一種煎熬。

如意像許多剛畢業的人一樣，在身逢巨變的金融風暴浪潮下能找到一家公司窩著就覺得比其他還在找工作的同學幸運多了，哪還顧得了所謂的理想抱負。

如意花了三個月才找到第一個肯錄取她的公司，她自然戰戰兢兢，懷著感恩的心，絲毫不敢懈怠。可惜她的感恩，在別人眼裡卻沒有這份人情，每個人都戴了一副「現實」的眼鏡評斷一切。

公司的老人會欺負菜鳥，把手頭的閒雜瑣事丟給如意，雖然工作職稱掛的是文案，可是如意大部分的時間都只在幫別人製作表格、建檔資料。

「哎！熬久了，就是妳的。」

「好歹混個資歷，到下個公司才有本錢好談價碼！」

幾個同事這麼勸她，在她加班到晚上十一、二點，委屈得想落淚時，同事還會勸她說：「我們還不是這樣過來的。」

那些加重工作在她身上的老鳥不屑地撇撇嘴，好像怪她一副吃不了苦的樣子。如意幾次向上頭反應她手頭雜事太多，讓她難以學習成長，卻經常因為自己數字觀念差而弄錯了帳目表格，以致於遭受到不屬於她工作範圍的上司責罵。

「你是新人嘛！新人就要多磨練。」這時上司就會丟出這句話。

而那些老鳥卻認為她是在「打小報告」，在後頭議論紛紛。

如意在公司裡得不到支援，卻還得面對那些堆積如山的工作，花掉她所有休閒的時間，那感覺像是在受苦而不是當快樂的上班族。一直到男朋友受不了她總是在加班，兩人的感情日漸疏遠，終於提出了分手。

那天晚上她回到公司趕文案，呆望著永遠也做不完似的卷宗，她忽然覺得自己的生活像是在坐牢一般。於是，在一次她又為了爭取自己權益和上司僵持不下時，上司冷冷回她一句：

「妳不想幹，還有很多人排隊等著呢！」

「那就讓賢吧！」

如意終於下定決心，頭也不回地離開了。第一次她有戰勝的感覺，終於為自己贏回了自由！

人的一生，最重要的是能把命運掌握在自己手中，而不是隨人擺佈。

失業並不代表放棄，也不意味你注定就是失敗。有那麼多的成就典範，他們是在人家的手下做事的嗎？能走出自己一條康莊大道的人，其實他們都有一項特質：不受限制。

他們的想法永遠跑在最前面，他們做的正是自己喜歡的工作，最重要的是：他們操控自己的生命，而不是任人擺弄。

他們的努力無非是為了贏取更大的自由空間。

失業時，你可以自由的旅行，走出去曬曬太陽，可以體驗上班族最嚮往的空閒時光，不也是另一種幸福？何不把握這樣的時光好好思考下一步自己該怎麼走。

到哪裡都要帶著不受蒙塵、提得起且放得下的清明心智

保持心境的開闊是你遇到任何阻礙時，維持最佳狀態的利器。

兩個同樣是領薪水的員工，在一處度假勝地相遇。

A君躺在海灘上的長椅喝了一大口長島冰茶，微醺的他說：「我那個狗屁不通的同事，不但搶了我的功勞，還向上邀功，結果我熬了幾年就等著這一次升職的機會，竟然眼巴巴看他一路跑到前面去了。我一氣之下就辭職了！」

B君嘆了一大口氣，正好與A君相鄰而坐。

「老兄，你這回是為了什麼？該不會也和我一樣吧！」A君問。

「我呢，差不多。不過是在公司業務緊縮下的一名犧牲者。」

「唉呀！你也失業了！那想必和我一樣，心裡很不好過吧！」

B君換了一個舒適的姿勢。

「不會呀！」他說：「忙了大半輩子，我從來沒感覺到人生可以像現在一樣自在。」

「一樣？你是指失業的痛苦？」A君不解，翻個身看著他。

「不，是不必擔心明天一早醒來得面對的業績壓力。」

A君不以為然。「你不擔心前途茫茫嗎？」

「這你就不懂了，我的人生從來沒像現在一樣那麼篤定過。老兄，好好把握現在難得的清閒，明天的事交給明天再說吧！」B君悠哉說著。

是的，明天的事交給明天再說吧！這不是教你要過分的樂觀，而是「時也，命也」，有些事強求不來，也不是我們想丟就可以罷手的。

如果凡事牽牽掛掛，即使你人生走到悲慘的地步，你看到的還是只有悲慘，你無法眺望其他的美好及希望。

像B君就是能「行到水窮處，坐看雲起時」安適於當下。假使你已經離開喧囂，那為什麼還不及時放開胸懷享受大自然美景呢？也許在你放開心懷時會有一些莫名啟發。

保持心境的開闊是遇到任何阻礙時維持最佳狀態的利器。中國老祖宗有句話：「不以物喜，不以物悲。」如果我們遇到人生低潮就灰心、憂愁，那麼那個打擊你的人或事不就得逞了，他挖空你的意識像病毒一樣侵襲你的肢體，如影隨形，無論你走到哪裡都不快樂，處處都籠罩在那個陰影下，就算富翁請你搭私人飛機，享用一頓豐盛大餐，你依然無法盡情享受，美食如口，味如嚼蠟，浪漫的美景在你眼裡，只會與你心中唱起的悲歌相互輝映。

快樂的人生不應該如此。到哪裡都帶著你的心，那顆不受蒙塵，提得起且放得下的清明心智，這才有助於你有勇氣去面對人生的關卡並與之奮戰。

活在當下很重要。如果你是在休息，那就趁這個機會好好體驗平常在忙碌的上班時間得不到的放鬆。

在人生旅程上，給自己放個假，停下腳步看看世界，看看別人是怎麼活的？你和別人有什麼不同，你希望自己過一個怎樣的生活？

成為錦衣玉食的富商，或是追求心靈自由的旅行者？任何一條路，都沒有什麼不好。重要的是，你可曾停下來好好聆聽自己的心聲？卸下你的行李，就把這段休息當作是另一個人生的起點，做好重新加油的準備吧！

擁有足夠的專業知識、效率和技巧，才能為自己創造斜槓人生

如果你正值壯年，卻渴望自己快速老去，只求得一筆退休金，沒有任何人再可以壓榨你、控制你的腦袋，那生命豈不是如活著的死人一般。

和以前同學開場熱熱鬧鬧的同學會，席間一個朋友拉著另一個朋友，場面壯觀。踏入社會已經不算短時間的同學，除了短暫提了校園時的趣事，大部分的話題都圍繞在工作上的抱怨。

什麼叫不景氣，已屆中年的人似乎該成為社會中流砥柱，怎麼還一堆人失業？真是令人咋舌。

那些占了一半的失業人口，開始抱怨他們不得志的心情，吱吱喳喳全是

一片低氣壓。

忽然，另一頭發出了不平之鳴：「我們這些有工作的也沒好到那去……」。

於是失業人口寂靜無聲，代之而起的是另一群老同學的聲音「是啊！我們日子也不好過，挨一天是一天……」

「對啊！混吃等死罷了」、「有志難伸啊！」此起彼落。

我知道他們不是存心要安慰那些「家裡蹲」的大學子弟，而是真的狀況慘烈，他們也有一肚子苦水要吐，於是大夥人抱怨連連。你有沒有看過在金魚缸內的魚，整天嘴裏冒著泡泡，像在嘮叨個不完。

在這個不景氣的大環境，任何現象都被視為正常。因為「部門縮編、銀根緊縮」而被老闆掃地出門的人，心裡總是忿忿不平，然而留在公司苟延殘喘的人，內心也是戰戰兢兢，他們為了能捧住飯碗而一個人當兩個人操，就算加班得沒日沒夜，老闆專挑下班時刻來一場全員大會，他們都得乖乖認命，默默承受一切。

你是寧可承受一切還是選擇沒有壓力負擔的日子？

當然，這不是指沒有了工作，你就可以全然丟開包袱，生活必要的開銷自然也是壓力之一。只是刪減你在公司上班必要的應酬和交通費，其實相對的花費減低很多。如果可以利用你工作上的專業知識來為自己建立一個「自由工作」的公式，成為快樂逍遙的SOHO族也未嘗不可。

SOHO族最好的地方在於：你可以隨時說「NO」，不怕得罪上司，不怕丟了你唯一的飯碗。在工作最忙的時候，也可以牽著你的小狗偷溜出去散步半個小時再回來，只要你願意犧牲一點睡眠時間去補足用掉的時間，這源於SOHO族的工作永遠只有「時限」而沒有一個上司在緊迫盯人。更好的一點還有：如果你的專業知識足夠，效率和技巧都在一般人之上的話，SOHO族更是一個可以讓你快樂工作的好機會。

再回頭看那些坐在辦公室裡汲汲營營的員工，他們在談些什麼吧！「我已經連著三年沒有休假了，忙碌的出差，飛東飛西，累積了哩程數，也累積了我空難死亡的機率！」、「我三個同行已經檢驗出罹患癌症，不知是不是因為和工作壓力太大有關。你覺得我該去檢查一下嗎？」、「我老化得好快，你相信我真的只有三十五歲嗎？」、「理想早就被磨光了，我的上司什麼都不懂，卻很擅長扼殺下屬的理想。我只求快點平安退休就行了！」是不是聽得你掌心冒汗？

保持自我的信念，讓自己每天過得充實而自在，就算停頓一下，為轉換跑道前休息做準備，其實也不會太差吧！

對於賭徒而言，幸福不是不曾來過，而是根本視而不見

我們在追求幸福的過程中，必然會嘗試一次又一次的挫敗；幸福不是不曾來過，而是你根本視而不見。

作家愛倫坡寫過許多膾炙人口的恐怖故事，其中一個有關「賭徒」的故事令人印象深刻。

一名貴族階級的女子在一次旅行的途中，迷戀上一位年輕賭徒。她將他從死亡邊緣救了回來，替他還清債務，又提供了很好的住所。

這位青年信誓旦旦，他會戒賭。但是當他的賭癮一發作，任憑千軍萬馬都檔不住。

於是，他拋棄了愛他、給予他幸福的人，終究還是葬送了自己的生命，任誰也救不了他。這名貴婦，傷心之餘通知他的家屬前來認屍時，才赫然發現原來這名青年也是出生在富裕的貴族家庭……

這是一個悲劇的生活型態，不僅只是故事，也出現在我們真實的生活周遭。其實世上充斥著各式各樣的賭徒，不同的，只是賭的方式不一樣罷了。

人生如戲，亦如賭局，我們在做一項新的決定，也是在下賭注，賭未來的人生，賭自己的運氣。問題是，你是抱著賭徒的心態，還是平常心？

賭徒是永遠不認輸的，他會一輸再輸，就只為了贏那麼一回，他可以不惜一切，傾家蕩產，甚至把自己的生命都賠了進去；他也不在乎得到的籌碼是不是循正軌而來，賭徒出賣自己的靈魂，因盲目而斷送自己的人生。

《心靈地圖(新版)：追求愛和成長之路》一書說道：「每當你想去尋找正確答案時，你都要首先向自己發問。一旦你這麼做了，你就可能做出正確的決定；但是你也將不得不忍受不知所措的痛苦。」當我們能以平常心面對抉擇時，即使身在狂亂的環境，也能保有一顆清醒的頭腦，他不會沉迷於虛無的快感當中。

所以，你覺得哪種人比較容易找到快樂呢？

快樂不會是一時的刺激，他應該是心境的狀態，努力嘗試開拓自己命運的人，不會找尋短暫的快活，他是朝光明面、有希望的人生邁進。唯有清醒的人才知道，他所賭的，是可以靠自己改變的人生，而不是別人設下的局。

日本女星新垣結衣曾說：「一步一步踏下的腳印，是我不曾逃避走到現在的證明，即使會有倍感挫折的日子，希望總有一天能引以為豪。」在人生的路途中難免會遇到挫折或不免陷入挫折的憂鬱之中，會自我問著：快樂究竟在哪裡？

快樂就存在於你重新站起來的那一刻，你跳脫挫折給予打擊的那一刻，快樂就向你招手了。「沒有不快樂的事，開心、快樂的事又怎麼會凸顯」呢？只要你願意抬頭，忘了現在的困境，放遠望去，處處都是驚喜的泉源。

賭徒的人生卻是狹窄的，明知最後終將失敗，依然貪戀那小小的勝利刺激，藉此來迷惑自己。幸福不是不曾來過，而是你根本視而不見，因此記得不要用賭徒的心態過日子，才能見著快樂敲擊在心坎上。

生活過得越簡單，生命就會越自在富足

只要生活的基本足夠養活自己，剩下的，都是我們的欲望帶來的問題。

曾經當我還是個小編輯時，也和所有上班族一樣，好不容易手上存了點錢，想的不是去投資賺更多的錢，就是想存起來，為往後的日子打算，此時朋友卻在國外向我頻頻招手。

「過來走走嘛！」

「那不是要花很多錢嗎？」

「那你存的錢要做什麼？」

「萬一將來失業了怎麼辦？」我說。

雖然老是羨慕別人可以四處走走，但是一想到辛苦存起來的血汗錢，只是花在機票、玩耍上，就覺得很不值得。

一直到後來才發現除了多出一張機票錢，其實臺灣的消費實在是比國外差不了太多。那些存下來的錢總是不知不覺花光，落得哪裡也走不成去不了，除了有時候擁有短暫的快樂，大部分時間又開始愁眉苦臉，想關於錢的問題。

等我有機會到了國外，聽到外國友人說：「你們華人真是最愛賺錢的民族。」讓我深深感觸到我們不斷在錢堆裡打滾，最後賺得的又是什麼？

羨慕別人多采多姿的生活，而我們又為生活做了些什麼？

看許多人辛苦一輩子，最後付給了房貸、留給兒女或是被負心漢敗光，其實財來財去，如果沒有妥善運用的話，都只是成了它的奴才。

社會上往往有很多荒唐的一面，我們都清楚見到，像是那些年老的人還擠在股市裡，有人因為股市慘跌而心臟病發作；他們不去公園走走，和老友聚會，卻到股市裡賺那些享受不了多久的金錢。

我不是否認物質的重要，但是錢是用來改善生活品質，還是只著重於它的面值。

金錢讓我們產生更多的欲望，而這些欲望又必須用更多的金錢來填滿，那就會讓我們背負了重擔。看現在很多人被錢逼急了跳樓、跳海，其實很多都不是因為沒飯吃，而是沒錢繳貸款。

上回坐在咖啡店裡，才聽到一群年輕人聊到。「現代人外表看起來光鮮亮麗，誰身上不是背了一屁股債！」

聽起來有幾分道理。現在的貸款機會處處都有，變得讓人不計後果，就不知不覺讓自己背了一身債，更有趣的一點是，你看那些人身上都是名牌。

一個樂觀的朋友，經常在我面前說。「我現在過得很幸福，每天吃飯的錢都有了。」

「每天的吃飯錢都有。」聽起來很俗套，但是仔細想想，這不正是一個樂觀的哲理，現在有誰會真的餓肚皮？只要生活的基本足夠養活自己，剩下的，都是我們的欲望所帶來的問題。

難怪現在有些人開始提倡簡約生活的好處。

在我前往東南亞旅行時，看到那些歐美人，整天泡在衝浪的樂趣中，他們口袋裡掏不出大把鈔票，住的也多是最便宜的民宿，幾個麵包就可打發一餐，可是他們卻活得很愉快。還有人東跑西跑，一個國際站換過一個站，沒錢了就在當地打打零工，存了錢再到下一個地方旅行。他們都是精力旺盛的年輕人，因為生活有太多樂趣等待發掘，所以很少看到他們愁眉苦臉的樣子。

想追求快樂的人生，這裡提供幾個方式：

1. 別問房子夠不夠大，只要有個棲身之所。
2. 時時想起，還能有飯吃，那還有什麼好擔憂的呢？
3. 把錢花在豐富人生的樂趣上，如果你暫時還無法到國外逍遙的話，就去參加感興趣的俱樂部，或是學習才藝。
4. 學習把錢花在令自己快樂的事情，別再加重自己的負擔。

犧牲不一定換來正面的代價，不是每個人都適合當佈施者的角色

朋友的電話已經十天不通了。

她沒有出國去，也沒有真的忙碌到無法接聽電話的程度。這個朋友在做點小生意，收入雖然微薄但日子還過得去。可是她卻寧可把手上的錢先拿去給孩子買手機、繳摩托車的分期，而不願替自己付清電話費。連大廈管理費也欠了好幾個月。

朋友好心想幫她付清電話費，她連忙拒絕說：「手頭還過得去，過一陣子就去繳。」

像我這種沒有電話就快急瘋的人，無法想像在台北連個電話都沒有，該怎樣過日子，她卻寧可虧待自己，也要把所有一切給小孩。

小孩漸漸長大了，她還是不願放棄這種金錢上的援助。而她的孩子呢？有一次剛好去她家，正巧碰上她和小孩吵架。

「孩子一個月的手機費五千多塊，會不會太過分了！」她轉頭對我說。

「是不是妳太寵他了，所以孩子才會毫無節制。」我提醒她。她依舊是渾然不覺，過著刻薄自己的生活。

其實這讓我想到自己，我也曾經有過類似的經驗。只是我的角色不是母親，而是戀人。

剛開始在國外遇到那個男子，他是個性很好的人。每當吃飯時間他總是閃人，後來在我抱怨下，他才說出原委。

原來是他沒錢請我，而且也付不起餐廳的消費。

他的坦誠讓我很感動，對他的人品亦很放心。

事情發生在一次我到另一個地方旅行，因為懶得回去拿行李，我請他把我住的旅館退掉，把壓在床底的錢一起帶過來給我。

他人是來了，也依約把我的行李帶來，而我則忽略追問他那筆錢的下落。

三天之後，我們在餐廳裡用完餐，我發現身上帶的現金不夠，便提醒他用那筆錢去付帳。

「已經花光了。」他的回答讓我嚇一跳。

「什麼？」我以為自己耳背。

「我拿去付車子的貸款，還了一些債務。」

「可是，那是我的錢耶！」我當然很不高興。

「我記得妳跟我說過，當我有需要時妳會幫忙我……」這位大哥倒是一點也沒歉疚的樣子。

看著他，我驚訝的不是他的改變，而是我到底做了什麼，讓原本善良的他，變成一個食髓知味的渾蛋。

一連串的回憶提醒我，原來認識他之後，我帶他上餐廳，幫他付一些生活用品的消費，還不小心把儲金簿讓他看見。

我原本希望他能過好一點的日子的善意，到頭來卻害了他。害他變成一個不勞而獲、向人討好處的人。

當然我很快和他分手。分手後，看到太多當地人這樣的例子，他們可能碰到第一個對他們好的觀光客，接下來就食髓知味，專門討好觀光客，藉以在他們身上撈到一些好處。

不是他們本性壞，其實是我們這些觀光客寵壞了他們。我深深發覺，不是每個人都適合當佈施者的角色。當你因同情或善良而付出時，卻會養成對方的惡習。

犧牲不一定換來正面的代價。是不是我們在付出的當下就能想到這點。

古人說得好：「給人魚吃，不如教人家如何釣魚。」付出不是不好，只是你有沒有先想到後果，你是不是真有這個能力去幫助別人。不要因為覺得犧牲很偉大，就連後果也不顧了，最後不快樂的人仍會是自己。

用好玩的角度看事情，生活自然好玩又充滿挑戰性

小孩子探索著這個世界，對任何事情他們都用著遊戲的心態去看待，所以他們的世界永遠不無聊。

現在你重新審視一下自己的生活，是不是覺得日子枯燥無味、對什麼都提不起勁來？這可能是一種警訊，提醒你該是重新正視自己的時候了。

我們有時候會感到興奮、對許多事物興致盎然，並不一定是因為財富增加或是擁有穩定的感情生活；當人有了足以羨慕的一切，心裡還是會感到不足，這就是心態的老化現象。

大家一談到「老」這個字眼，都避之唯恐不及，但是歲月是無可遏止的，我們的心境卻可以由自己控制，很多正值壯年的人，心態上卻已枯朽，

這和真正的老年人有什麼差別。

雖然大部分的生活真的是千篇一律；我們起床之後梳洗、吃飯，出門工作、下了班回家看電視、帶小孩，等到了假日有了出遊的空閒，卻也同例行公事一般，你不是為了自己的快樂出門，而是「好像」大家都這麼做，你也不能例外。

俗語說：「見山是山」是一般人的境界，如果「見山不是山、見水不是水」，對生活就有超出一般人的體驗了。

要避免生活無聊，被日常瑣事消磨了志趣，最好的辦法，不外乎擁有一顆童稚的心靈。

想想為什麼我們童年時，不曾有過「無聊」的字眼竄進腦海？其實和玩心有關。不管是有錢、沒錢的小孩都一樣，他們總是能找出、創造一些好玩的事情來，那跟好奇心也有很大的關係。

小孩子探索著這個世界任何事情對他們而言都是新奇的，任何一個小東西拿在手裡都能成為好玩的東西，因為對任何事情他們抱持著好奇心去看待，所以他們的世界永遠不無聊。

漸漸成長之後，大部分人失去了這樣的能力，可能被生活的重擔、學業的壓力逼得喘不過氣來，也就沒有多餘的心思去發現生活上有趣的地方。我們變得無聊透頂，把賺錢放第一，生活情趣放在最後，總以為『等』有錢之後，便要什麼有什麼了。

我們的心靈已經被這樣的毒素侵蝕，重心轉移到現實利益為目標，又如何能怪日子變得無趣，日子顯得疲乏了呢？

我們常看某些人活得快樂和自在，他們一定都有個特點；某些時候就像小孩子一樣。他們看事情的角度，用一種好玩的心情，做事情把它當遊戲一樣，充滿挑戰力。即使再無聊的東西，放在眼前，他也可以找出有趣的地方，這就是「玩心」。

他們也絕對能激起身邊人的注意，影響別人和他有著一樣的想法，不知不覺也沉浸在快樂的氣氛中。

過去還在公司上班的時候，曾遇到一個做事不懂得融通，老是諂媚老闆欺壓下屬的主管，那時我也像大多數人一樣，捲入抱怨的情緒，對於天天反覆的例行公事感到無力。因而，也開始討厭那位上司，覺得在他手下做事猶如在水深火熱中。

但坐在我對面的那位同事就不同了，她有次見我臉色發臭，便悄悄湊過來，一臉好笑的神情告訴我，「妳猜猜看我們上司是不是從山洞裡鑽出來的？」

「你在說什麼？」我好奇地問。

「因為他的做法都不像一般人啊！像跟正常人脫節一般。」

「譬如說呢？」

我被她激起了興致，於是兩個人趁空檔時，提出了各方觀察，我們像偵查員一樣，把這主管徹頭徹尾分析，歸於我們想像出來的角色，像是小孩子的遊戲一般。

之後面對這位上司，用人類行為的角度去看他的表現，便覺得有趣極了，不再在他面前苦著一張臉。

這位上司反而也覺得下屬的態度改善，雖然並不清楚對方心裡真正怎麼想的，彼此之間的互動卻因此而改善。原本做起來心不甘情不願的工作，卻因為心境上的改變，而變得有勁起來。

如果，真能把工作當成有趣的遊戲，討厭的人的面孔卡通化，你眼中的世界將更加精彩、有趣，快樂也會時時充塞在你的周圍，你就不容易被激怒，或是老是產生負面的情緒了。

不要花大錢追逐名牌，其實生活中處處充滿小確幸

消費習慣當中有很多是沒有必要的，如果支出不妥善規劃，哪有資格去談快樂的生活。

你對財務的分配正確嗎？我們無法掌握財富進來的有多少，但是可以控制財務問題，這件事往往成為人們貧富的關鍵。

想要生活得逍遙自在，困在經濟問題上，是很難達成心願的。但是同樣收入的人，卻不一定生活在同樣的水準，這個重點就在於金錢流向的方式。

一千塊吃吃喝喝，和朋友唱個KTV很快就花光殆盡，經常性這樣的累積是很可觀的。

記得以前大學唸書的時候，一票朋友都很貪玩，但我們會盡可能找出不

花錢的方式，最常見的便是到別班開的舞會「插花」。

通常女孩子進去是不用錢的，我們會先一票女生進去，再打開窗子掩護男生跳窗子進來。

女生通常愛漂亮，但家裡給的錢又有限，於是我們經常把衣服交換穿，連化妝品也互通有無，可以省下一筆花費。現在有時整理梳妝檯，發現一堆過期的保養品、化妝品，有些甚至才用了一、兩次，要丟又捨不得，真不知道自己為什麼還不斷花錢買一些新的，內心突然有些感觸，回憶起學生時代那種相互交換用品的情誼。

像現在看到許多人因為電視明星或偶像穿什麼、用什麼，就一窩蜂仿效，卻忘了人家是公眾人物，而自己只是平凡的一個學生或上班族，過多的衣飾只會形成浪費，實際上並沒有太多的人去注意你的打扮，而且搞不好那些所費不貲的衣物並不適合自己，只是讓自己成為別人的影子，沒有多大的意義。

再拿聚會來說，年輕時候的我們，頂多在商店買些啤酒，再買些小菜到同學的宿舍裡吃吃喝喝，哪像現在上KTV、PUB，錢一下子就花得無影無蹤，只是為了短暫幾小時的歡樂。

上回到朋友家，碰到她正在教訓兒子，只見朋友的大學生兒子氣沖沖地跑開，一問之下，才知道朋友的責罵是因為小孩手機通話費竟然花了五千多塊。

「妳兒子不是有去打工嗎？」我很訝異朋友之前還口口聲聲讚許這個孩子懂事，會去打工自食其力。

「是呀！」朋友提起這事更火大了。「他打那什麼工，還不夠付手機費用哩！」

這就讓我迷惑了，半工半讀是很辛苦的事，然而這小孩竟不知打工賺錢的目的是什麼？

想到以前讀書時，連房裡裝個電話都別想，電話都是一整層樓共用的，當我出了社會好不容易自己裝了支電話，覺得真是件幸福的事。而今，時代腳步加促，學生、阿嬤都人手一支智慧型手機，雖然方便許多，但稍有不慎又會替生活加重許多負擔。更誇張的例子，在於有的人花了鉅額買了一支高價手機，但是卻常常手機費忘了繳錢，這樣的消費方式，生活怎麼可能可以平衡呢？

很多消費是沒有必要的，這社會又處處充滿了金錢陷阱，不妥善規劃支出，結果必是難以想像，如果連基本生活都出現問題，哪還有資格去談快樂的生活？

一個朋友形容得好「臺灣是個貧富不均的社會，所以有適合有錢人的消費，但也有很便宜的消費提供給中低層收入者。」

你還遲疑什麼？估量一下自己的能力，就讓有錢人去花他們付得起的東西，我們還是過我們平凡自在、充滿小確幸的日子。

精神上的富足
才是取之不盡、用之不竭的

現代人以金錢掛帥，似乎凡事都向錢看齊，往往以收入的多寡來判斷一個人的成就的高低。因此常常聽到有些人開口閉口都是跟錢有關，我們活在物質的壓力下，逐漸失去了真實的自我。

然而每個人都應該有賺錢的天分嗎？都應該向王永慶看齊嗎？我們接收到太多關於富人的資訊，卻忘了探究當時的時代背景，或是生長環境。並不是每個人都是做生意的料，也不是所有的成功都必須和財富有關，而且有些富人剛開始時，他們並不是以追求物質為目標，財富不過是他們獲得成就之後，伴隨而來的附加價值。

像歷史上改變文明的科學家富蘭克林、牛頓，重劃世界地圖的哥倫布、發現鈾的居禮夫人以及世界各國的國父，不管他們的成就或許不能為個人帶來財富，但是人們永遠記得他們對於人們的貢獻，這也是成功的人生。

能做自己是一種成功，對生活感到快樂滿足也是一種成就。每個人的特性不同，有些人偏向創意性思考注重感覺，有些人則是殷勤實在，生活踏實對他們而言才是最大的幸福。要真正讓你感覺到滿足，才是真正的富有，並不是一定要累積多大的財富才是快樂。唯有精神上的快樂才是取之不盡、用之不竭的。

專精在某一項事業，成為其中的佼佼者，小人物也可以成為大英雄。像是學校裡的受到學生們愛戴的教師、一個能提供顧客良好服務的店員、受過良好訓練的救難人員、或是能為城市打造美麗景觀的建築師等等，每個人有不同的定位，無論教育的高低、勞心或勞力的工作，只要能做到盡善盡美，就是一個至高無上的成就。

風靡世界的世足賽，喚起觀眾對於巴西足球的熱愛。幾乎所有的巴西足球選手都是來自貧困的家庭，無論是馬拉度納、世界足球王比利都是窮人家長大的孩子。足球王比利小時候還是把紙團塞進襪子裡當足球來踢，第一個足球還是父親的朋友贈送的，但是憑藉著天分與努力，依舊能在他們擅長的領域中闖出一片天地。

要說人最大的悲哀，應當是贏得了整個世界，卻失去了生命中最寶貴的東西，這可能是自由、所愛或是夢想。人最大的財富是可以隨心所欲，自由自在，這標準完全取決於自己，而不是非得擁有私人飛機、豪宅、名車才能取代。

不管是成為一名運動員、工程師乃至於小小的攤販，都有機會成功，只要把事情做得最好、最棒，自然能贏得肯定！

台東的菜販陳樹菊阿嬤，雖然每日賺取微薄的收入，卻持續不斷奉獻給需要幫助的人們，她樂善好施的善舉漸漸地聲名遠播，二〇一〇年登上《富比士》雜誌亞洲慈善英雄人物榜，《時代》雜誌將她選為年度最具影響力時代百大人物之一，這難道不是一項非凡的成就嗎？

生活畢竟是自己在過的，如果你始終活在別人的眼光，任由他人來評價，是不會得到真正的快樂。別人希望你過的生活，不一定是你想要的，在踏出第一步之前就必須先想清楚，以免浪費太多時間在符合別人期待的眼光而不是自我。

如果你覺得工作不快樂，那是因為你不知道為何而做、還沒有找到自己的目標，如果你能找出為何而做的理由，那就足以支持你走下去的力量。當然，沒有一項成功是容易的，即使你找到了理想的道路，中間也會遇到許多挫折，但是追求成就感的欲望與熱忱足以克服那些困難，而成功的喜悅將掩蓋那些挫折與不滿。

為自己設定目標時，先問問自己，那會是適合自己的嗎？找出擅長之處，只要持續不斷的努力，也可以為自己開創一片天地。

CHAPTER 02

不為自己設限，
開創一條屬於自己的幸福道路

嘗試新事物、改變舊習慣，才會有一番新的發現、新的視野

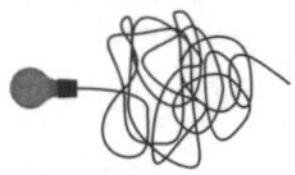

這世界越是混亂，越是需要在有限的空間裡，為快樂找尋出路。很多人不知道自己擁有多少，卻還一直想往外求，問有誰可以為他帶來快樂。

答案其實沒有。

沒有人會聽到你的需求！因為那些快樂的人，也能替別人帶來快樂的人，其實都在快樂的人群裡。

前幾天一位朋友焦頭爛額地跑來訴苦，原來是他在股市低迷的這段時間，賠得很慘。不同的是，他以前都是來告訴我，在證券公司認識的一些股友遭滑鐵盧的故事；有人陪了幾棟房子鬧著不想活、有的賠掉了僅有的住家，連帶妻兒都賠掉等等。其中最特別的，還是關於一位貴婦的故事。她在

股市賠了幾千萬，自殺不成，從鬼門關裡撿回一條命後，又再回到那裡衝鋒陷陣，而她手上還有好幾棟房子。

這讓當時的我產生了疑問：「既然還有房子，手上還很闊綽，比一般辛苦的上班族不知好過多少倍，這樣為什麼還要想不開？」

現在類似的命運輪到我那個總是笑口常開的朋友身上，以往那種天天開心的樣子不見了，有時去他開的店裡走走，老看他一副愁眉不展的樣子，整個人看來晦氣多了，標準的「鬼見愁」。

「怎麼了？」我問。「你以前不是都開那些貴婦的玩笑，怎麼現在自己卻禁不起打擊呢？」他重重嘆了口氣，「妳知道，我最近賠的幾乎是賣南部老家房子的錢。」

「所以呢？」接著，他一連串罵政府、罵這個社會的氣話，我從沒看他那麼憤世嫉俗過，但也只好想著怎麼安慰他。

「如果股市不景氣，就收手嘛！你看！你有自己的房子，兒女也都大了，每個月還有退休津貼，又開了一間小店，多少人現在連遮風避雨的房子都沒有，你已經夠幸福了。

可惜，這位老兄根本聽不進去。

「別玩股票了，把錢留下來出國散散心，或是大吃一頓享受美食，不是比較實際。」我看著他身上發黃的汗衫。

他搖搖頭，不打算接受我的建議。想當然爾，第二天，他又跑去股市了。

他一點也沒察覺，自己的生活已經捲進當初所嘲笑的那些人當中，再也無法自拔。

煩惱是因人而生的，我常這麼覺得。當你開始不珍惜現有的一切，就代表惡魔已經開始攫住了你，帶往痛苦的深淵沉淪。

有很多前車之鑑展現在我們眼前，為什麼還是有許多人前仆後繼、視而不見呢？那是不想承認失敗的心理！但為什麼執迷不悟呢？失敗了還可以重來，古人說：「留得青山在，不怕沒材燒。」就是要我們能調整心態，重新出發。

你要是身在同樣命運的人群，永遠也轉不出那個陰影，只會不斷地和那些人一樣，越陷越深。因為你所見所聞都是那些不幸的消息。

如果你正身陷這樣的危機，勸你還是跳開那個圈子，守住你仍擁有的，這樣的不幸可能正是一種轉機，提醒你該換另一種生活方式，接觸其他新的環境了。

人生的豐富，不是光困守在原有的就是一切，嘗試一些新鮮的人、事、物，改變一些舊有的習慣，你就會有一番新的發現、新的視野，只要你勇敢踏出第一步。

將世界無限延展，才能發現生命的無限可能

井底之蛙，牠認為的天空一定是圓的吧！

身為華人，最吃虧的就是語言方面，讓許多人寧可和共同語言的人緊緊相守，加上保守的個性，很多人很難跨越國籍和種族的障礙。

一直生活在某個地方有什麼好？或許是可以被認為你這個人很安定、很可靠，是個可以信賴的對象。

你的思想逐漸被僵化、狹隘，認為生活就應該是這樣安於現狀。

生活在這個小島上、生活太擁擠、思想太擁擠，很多時候，我們不過是依循著前人的步伐在過日子，當然會嫌生活單調。光是看那些新聞一窩瘋，開店一窩瘋、話題一窩瘋，就知道我們居住的世界有多麼狹隘了。

就像是一種習慣，定下來之後，不管好或壞，我們生活就是那樣。看不到外頭世界的美好，即便有人告訴你，外面有一處桃花源地，你也難以放下一切去追尋，人生早已被習慣所綑綁。

我們常聽到「人生苦短」，卻不知道如何珍惜時光，充實自己的生命。在這裡提供一個簡單的方式，你不用花費很多精力或研究，只要願意踏出第一步，閱讀或是從你居住的老地方、從你習慣的生活方式出走，就能啟發新的思維。這絕對是充實生命的好方法。

無論是國外旅行，或者國內旅遊，都是拓展生活空間的好法子。嘗試新的事物，帶點冒險家的精神，唯有把自己的世界無限延展，才能發現生命有無限的可能。

當世界開闊了，我們的心胸也隨之開闊；積極的行動，帶來正面和快樂的生活態度。就從此刻，走出你的蝸居吧！

離開那個不愛你的人，
才有機會遇見下一段美好

她以為這輩子愛神不再眷顧，在她被前男友徹底傷了心，幾番從生死的邊緣掙扎過來之後，她發誓自己不會再傻了。

直到多年後，某個男人輕輕敲開她的心門。她想那是她唯一的機會了。她的心情大多傾訴給當初介紹他們認識的那個閨密聽，卻忽略了她們與他之間的交情。她鉅細靡遺地訴說兩人之間的感情，那陣子，那個閨密成了她最貼心的密友。她的生活圈繞著那個他和她。

新的情人約她看電影，她不排斥閨密的跟隨，他們看起來像是甜蜜的三人行，並沉醉於這樣的幸福當中，不疑有他。直到有一天，那句話從閨密的口中脫口而出：「你們不是連什麼都沒有嗎？」

她頓時心驚，不可思議地看著對方，那閨密臉不紅、氣不喘地訴說自己與他之間的情意，全然漠視她的存在。

這是個什麼樣的世界？這個女主角一下子覺得自己淪落到「女配角」的地步。她與愛情果然無緣。她悲哀想著，要不然怎會發生這樣一個倒楣的事呢？怪自己不太懂得保護自己、維護自己的愛情。恨那個閨密的背叛，恨他們為了自己把她捲入這場愛情遊戲當中。她的等待、她的執著就那麼一文不值嗎？在他們眼中，她算什麼？怨那兩人怎能如此自私。她究竟做錯了什麼？

當然，在愛情剛萌芽時，需要小心翼翼的呵護，任何一個不小心都可能全盤皆輸，任何一個美好的事物，在達到的過程中間總是倍感艱辛，處處有阻礙，時時有人見不得好。

許多人是到口的肉不吃，直到有人來搶才激起當事人強烈的反應，這樣的事在光天化日之下，比比皆是。

妳怪東怪西，只會像關在塔裡的女人一樣鑽不出來。找不出理由，陷於自怨自哀的情緒中。如果那個男人那麼容易見異思遷，那麼他還值得珍惜嗎？當初的愛戀是不是妳一時看走眼了。

如果那兩個人「郎有情、妹有意」，那你不過是穿插在他們之間的角色而已，就「祝福」他們吧！誰知道將來的情況會更好，還是更壞呢？

當那個男人願意與你交往時是他的福氣，不懂得珍惜則是他的損失。妳的專情不容汙衊，妳的獨特沒人能比，因為妳不會像別人一樣那麼會使心眼，如果那個男人還看不穿別人的把戲，而投向別人懷抱的話，那麼就祝福他吧！

沒有一個人是天生的失敗者，也沒有人是永遠的贏家。最重要的是，面對低潮時是否能保有平靜，隨時可以再整裝出發，那妳的人生就不至於黯淡。

失戀雖然傷心，但是多少也可以從中得到一些人生經驗，總比哭哭啼啼死纏爛打來得好。停止再追究原因了，也許就算不是那個閨密的介入，對方遲早也會見異思遷，這不過是提早讓我們認識對方而已，不也是一個好消息？

重新整理自己的情緒再出發吧！妳的魅力不會因為一個不成功的愛情衰減，反而更勝一籌，讓妳再次遇到類似問題時，能夠早有準備。相信自己，也相信下一個愛情會更好。

想像力不只帶來生活動力，更是表現智慧的一種方式

是不是覺得生活上要煩惱的事情太多了，無論如何都不能得到滿足，即使達成一項追求的目標，又希望達到另一個目標，永無止盡的追求，背後像有無形的力量在追趕著，讓人沒有喘息的機會。

一位朋友把餐廳收起來了，和太太賦閒在家，當然經濟問題接踵而來，可是這一對夫妻倒是很能自得其樂。

有一回，我去他家拜訪，竟然發現他們夫妻兩人居然在幫小雞洗澡。

「這可能是我們這一輩子最難忘的經驗吧！」

這對天真的夫婦，還把小孩的嬰兒洗髮精都派上用場了，兩個人玩得像孩子一樣。

我問他們，不會為其他的事情煩惱嗎？

那位太太回答得很妙：「煩惱也只是浪費時間，如果我們無法改善現況，停下來找些有趣的事情做做，不是對身心更有益嘛！」

我很羨慕這對夫妻對待生活的方式，他們不會因為生活上的困境，相看兩瞪眼或是吵翻天，兩人的感情反而因此更融洽。

反觀一些社會新聞中，許多家庭問題來自經濟的壓力，離婚甚至砍砍殺殺都有，是不是我們的生活都太狹隘了，凡事一定要建築在金錢之上。

英國詩人亨・萊特說：「想像力使萬物富足。」

我們不是要靠著聲光媒體，才能尋求一時的快樂。在生活周遭，其實都可以找到很多有趣的事情，就看你能不能充分發揮想像力了。有足夠的想像，除了令自己愉快，也能感染到身旁的人，甚至帶給別人啟發。

記得有一陣子我為寫書的事情苦惱，有時候覺得這樣關在家裡孤單的工作方式，很不適合我愛熱鬧的個性，甚至懷疑自己是不是該換個工作了。

但是我遇到一位外國朋友，他才一聽說我的工作性質，立刻打趣說道：「我真羨慕妳的工作。」

「有什麼好羨慕的！」我打算開始抱怨，他卻說：「就是作作白日夢也能賺錢，真了不起。」

我被他逗得大笑，也覺得好像真的是這樣吔！反而更珍惜這份文字工作。想像力不只帶來生活動力，更是表現智慧的一種方式。

有一次，我在餐廳裡，聽到隔壁桌的老外看著小女孩脖子上的一串項鍊，而小女孩向這位老先生提及那串項鍊她買得非常便宜之類的對話。老先生想了一下，告訴她：「那麼妳可以告訴別人，不是買得『很便宜』，而是這項鍊的價格『很不可思議』。」

我突然好喜歡那位老先生，他誘導著小女孩，教導她說話的藝術而不致於言語乏味。源源不斷的想像力，可以讓人生變得更有趣。

相較之下，我們的生活不是太乏味了嗎？運用一點想像的空間，不僅可以改善人與人之間的距離，更可以創造生活的樂趣。

不珍惜妳的人，是他配不上妳的好，所以趁早離去，不值得為此傷心

一個不懂珍惜妳的人，還有什麼好留戀的？讓這樣的人，早一點從妳的生命中消失，妳才有機會過更好的日子。

亦芬和男朋友愛情長跑了五年，在大學時代是公認的一對，一路走來未曾動搖。一直到男友政名入伍，亦芬理所當然想等他退伍之後，兩人便可以順理成章的步入禮堂。

怎知，「兵變」的是他，這打擊對亦芬而言非同小可。

好久好久，她都很難從這夢魘中醒來。一開始，她哭哭啼啼，不肯面對這個事實，仍死纏活纏，打探他放假的日子到軍營等他，每天一封信，甚至從他家人下手。像所有女人一樣，要的只是一個答案，然而卻始終要不到。

直到她發現連他的家人都開始冷落她、迴避她，而政名更是明白的帶著不同的女人出現在她面前，這才慢慢死了心。

多年後，她有了家庭，事業也蒸蒸日上。那個積存在心中解不開的迷惑才有了答案。意外地，在公司那天的徵人啟事，她遇見了前來面試的政名。他和她有著同樣的訝異，不過在他臉上卻多了一份卑微和尷尬。

因著舊識，亦芬大方邀他到餐廳喝杯咖啡，慢慢地他們的話題回到了那年他向她提出分手的那個下午。往事已矣，政名終於不再避諱提起分手的原因。

「妳一直那麼優秀，我覺得自己配不上妳。」他口氣遲緩。「一直都是……」亦芬沉默著，知道那不是一個很好的理由。

於是，他又說了。「當兵那年我認識了一個酒店的上班小姐，我知道自己對不起妳，我配不上妳……」他的聲音沙啞。

果然和她想得差距不遠。

「是的沒錯，你的確配不上我，我很慶幸那天和你分手了！」亦芬平靜的回覆他。

如果他早一點告訴她也好。不過現在，亦芬覺得自己才是幸運的，及時與他分手，否則如果婚後才發現他並不是自己所認識的樣子，不過是個愛花天酒地，不肯面對現實的人呢？

其實，是她先甩了他，是她令他看清了自己的斤兩，不是嗎？

一直以來我對於感情的態度都是：「如果有幸能成為某人深愛的對象，不要把　人的付出視為理所當然的存在。如果有天不能再繼續深愛對方，好好處理，盡全力不要讓任何人難堪。」愛情的道路崎嶇不斷，在愛一個人之前我們都應先愛自己，在兩人相處時，我盡可能包容對方的過錯，但不會一再地忍讓。妳曾有過被拋棄的感覺嗎？當妳還心存愛意，卻發現情人毫不留戀地離妳而去，為著不肯說明的理由，任妳再堅強，仍無法抹滅那股被背叛的挫敗感。

為什麼他會不要妳了？是妳不夠好，說了不該講的話嗎？還是什麼原因呢？覺得自己輸得莫名其妙，嘔到了極點。

如果妳能對背妳而去的戀人有著這樣的想法「因為他不夠好，他配不上我，所以趁早離去。」那麼，失戀就不足以形成折磨了。

一個不懂珍惜妳的人，還有什麼好留戀的呢？這樣的人，早一點從妳生命中消失才好。妳不過是，表現得讓他知難而退，在妳開口之前他先一步開溜了。所以，有什麼好傷心的，妳才是真正的贏家呢！

會適時扶你一把，給予安慰的人，才是你的真命天子

暗戀一個人是美好的，但在他面前出糗，那可就不好玩了。

經常是這樣，愈是得不到的東西，在心中就異常珍寶。也許是太過於在乎的因素，我們開始變得越來越不像自己，再也不能清楚的思考、舉足失措，種種意外也隨之而生啦！

把「我愛妳」說成了「有夠討厭的」，動不動神經錯亂的失聲尖叫，把樹影當作他走過的倩影，明明托在手心上的咖啡怎會潑灑得一身濕呢？妳的臉紅心跳、呼吸急促，好像快要生病了，卻查不出病因——原來，妳是**fall in** love。

想向全世界宣布：妳戀愛了！卻在他面前連說出一個字的勇氣都沒有。

妳那被愛情沖昏了的頭，控制不住妳的行為，頻頻在對方面前出糗，最慘的是，還有可能在好不容易走到最貼近他的地方，硬生生滑了一跤，跌了個狗吃屎！

現代到處都是水泥地沒得讓妳鑽，連如來佛也解救不了妳的危機。這一摔，可能連帶把妳的愛情都摔掉了。

以前還流行交換鑰匙的遊戲，一群女孩輪流抽出男士們的機車鑰匙，抽到誰的就坐誰的車。那時流行一句話「小心抱緊處理，別滾下摩托車」。這當然是指妳坐上的是摩托車主人是令妳心動的人。

愛情初萌芽時，連砂粒都容不下，哪還經得起一摔呀！也許妳不是真的在人家面前「身體力行」的出糗，而是意識模糊之下把事情搞砸了，像是在不該表白的時候表白、他正好急著上廁所時攔下他、共同參與一件案子時被你拖垮、沒頭沒腦挑挑錯時機向他訴情衷等等，這些都不比真摔了一跤好到哪兒去。

可能會令妳絕望透了，肯定妳的愛戀將隨風而逝。大嘆自己的運氣真差，巴不得從此在對方的眼前消失，時時提醒自己，以防發生在他面前抬不起頭來的窩囊事。

但是，妳可曾想過：如果對方莞薾一笑呢？先別急著否定自己。搞不好就有這麼一種人，他會因為妳「出糗」的行為感到有趣，而想多認識妳一點。

如果能試著為自己解嘲，不僅化解了彼此的尷尬，也會讓人另眼相看的。也許妳正挑錯對象，更適合妳的人就在妳身邊呢！

或許當妳跌倒時，會適時扶妳一把，給予安慰的人，才是妳的真命天子。找一個欣賞妳的人遠比盲目追逐來得好吧！何必委屈自己，動輒得咎呢？

有些人就覺得會在他面前緊張得不知所措的女孩是很可愛的，傻呼呼對生活瑣事顯得笨手笨腳的女孩單純又天真。情人之間講的是互補，而不是對天上明月的渴望，王子的愛慕者眾，卻未必所有女孩都適合娶進門。

愛人是一種感覺，容不下太多的包袱

愛情本來就是變幻莫測，它總是來得讓人措手不及，離開時卻又那麼不著痕跡，時間是最好的考驗，也是最佳的鎮痛劑。

如萍和至傑大吵一架。接著她又一連幾天找不到至傑的行蹤，她知道他又跑去找那個女的了。

從一開始交往，至傑就明白告訴她，他有這麼一個紅粉知己存在，只因為對方已婚的身分讓他們無法廝守在一起。

在愛情的天秤上，如萍是愛得比較重的那一方，明明知道對自己不公平，但是她還是堅持要和至傑在一起，那是她心甘情願的，以為真情可以留住他的心。但是，顯然是她太傻太天真了。

和至傑在一起後，至傑仍不肯對那女人放手，而她成日緊張兮兮唯恐惹至傑不悅，怕他一轉身便投向那個女人懷抱裡。也許是精神越緊繃，她對至傑的態度也越情緒化，小吵大吵的狀況在他們在一起的這一年之間不斷發生。

「為什麼，別人的感情就乾乾淨淨，純屬兩人世界，我就得和別人分享。」如萍忍不住向友人哭訴。

「男人嘛！結婚之後就會改了。」朋友安慰她。

如萍可不敢想到那麼遠。

「萬一不呢？」

她的話連朋友也接不上口。兩個女人就這麼痴痴發呆了好一會兒。

「妳只是運氣背了一點。」她聽過好多人說這種話。

為什麼他的錯誤要她來承擔痛苦，為什麼不痛苦的人是她？如萍夜裡輾轉想了又想。

第二天清晨，至傑出現在她家門口。

「她騙了我，她一點也沒有想和丈夫離婚的樣子。」他形容頹喪。

「哦，是嗎？」

如萍終於明白，眼前這個男人愛的只是他自己。她不顧他驚訝的眼神，輕輕闔上了門，將他拒於她的世界之外。

此後，至傑不快樂，她知道。但她卻有如釋重負般的輕鬆。

有時妳覺得運氣不好，其實是誰造成呢？恐怕自己也難辭其咎。為何說情說愛，說得深情似海，卻包藏著互相欺騙的謊言。一旦日子久了，問題浮上檯面，妳再怪自己運氣不好，實在是牽強了點吧！

不如就在該愛時儘管去愛，一旦痛苦像潮水般湧來時，就適時放手，讓它去吧！

愛情本來就是變幻莫測，它總是來得讓人措手不及，離開時卻又那麼不著痕跡。

時間是最好的考驗，也是最佳的鎮痛劑。就在含著淚光的微笑中分手，也為妳的愛情畫下一個完美的句點。這絕對勝過拖拖拉拉，搞得自己像是殘花敗柳，一點剩餘價值都沒有。別讓眼前的人叫妳恨之入骨又捨不得丟掉；更別讓自己掙扎於矛盾和痛苦之中。

妳快不快樂？就看妳的抉擇。順著心意走，愛人是一種感覺，實在容不下太多的包袱。妳是想積極樂觀的往前走，還是終日沉溺於苦海之中。

如果愛情有兩面，幸福的背後隱藏著錐心之痛，妳要取哪一面？別虧待自己，其實妳值得更好的對待，不是嗎？

放掉那個浪費你青春的傢伙，把省下來的時間花在更多有趣的事情上

何必白白的把自己的幸福浪費在一個不能全然給妳愛的人身上，說穿了，自己不過是別人嘴邊的一塊甜點罷了！

愛情總是來得無影無蹤。當妳正在為未來的計畫而跨越下一步時，它不知何時突然悄悄來到身邊，要是妳對於它感到惶恐而逃避，待多年之後想要安定下來，愛情的機會卻一去不復返。

如果妳發現，那個悄悄溜進妳心頭的人影，竟然是個已經有家室的人，妳知道自己遲了一步。妳說，愛神不眷顧妳，總是拿捏不好時機，一切都是命。這麼說也太宿命論了吧！

靜端對於她的愛情總是處於被犧牲的一個角色。男友世良不管如何對她，她都無怨無悔的配合。她想全是因為愛，為了獲得他的愛，連她的耐性都可以被他磨平了。這可以從愛遲到的世良，兩人的約會，他總是把遲到一、兩個小時視為平常看出來。

有一回更過分的是，世良和她約定好了，靜端等到快被太陽曬到中暑逼不得已只好先回家休息，不知不覺沉入夢鄉，一覺醒來，才接到對方的電話。

「我已經到了，妳跑到哪去了？」他反而惡人先告狀。靜端沒來得及傷心，急忙飛奔出門。

這已不是新鮮事。她還曾在一家店，等到店家都打烊了，良人還未出現。朋友都笑她笨，而她卻只道他的好，認為這麼做是值得的。

直到那天估算他會遲到，晚了半小時來到約會地點的靜端，卻飽受世良一頓罵，不顧她淚水汪汪，世良掉頭而去。

這才令靜端恍然大悟，這根本不是愛情，這是一段不公平的付出，她才從自己製造的美夢中清醒過來。

你們一定不相信怎會有這麼笨的女孩？當然有，不過這樣的人還真不多見。愛上那樣的男人，只能怪自己倒楣。那個老愛遲到的傢伙，是他才搞錯了時機和對象。

何必白白的把自己的幸福浪費在一個不能全然給妳愛的人身上呢，又何必苦苦等待別人施捨那麼一丁點空暇的時光。說穿了，自己不過是別人嘴邊的一塊甜點罷了！妳妄想那人會因為妳而改變，甚至可以拋家棄子。

放掉那個老愛遲到，浪費妳青春的傢伙，把省下來的時間花在更多有趣的事情；跑個步、打個球、看本好書、多交些朋友、學習新事物，人生轉個彎，有益無害，讓妳的人生豁然開朗，好過浪費時間痴痴纏著一個渣男。

改變命運最簡單的方法，就是透過學習

一個人受到好磁場的影響，自己慢慢也會散發那種光環，運氣隨之改善，扭轉了自己的命運。

聽到那些哀哀切切在耳邊訴說著男人對她有多壞，女人究竟要的又是什麼？那些為愛情而苦的戀愛男女，或是單戀、苦戀、暗戀、失戀等等，實在很想告訴他們，愛情是沒什麼道理的。

如果妳碰上一個完美的對象，妳只會拿他當作是最佳結婚對象，但是未必會愛上對方。完美的愛情必須是兩個人心中都迸出相當程度的火花所產生的化學反應，但是這種事勉強不來，因此大多數的愛情故事都是殘缺的。

盼盼這個女孩，總是會愛上花心的傢伙。她也說不上來是何原因，幾次遇人不淑之後，盼盼下定決心就找一個其貌不揚的普通上班族交往看看吧！她遇到了一個工程師。工程師的日子不是挺無聊的嗎？公司裡的女同事少，他們的工作又忙，應該不會有什麼問題吧？

一開始，工程師果真是展現了殷勤體貼、緊迫盯人的猛烈攻勢兩個月，盼盼矜持了好久，試探他的誠意，這才放心接納這位工程師。之後，那段「熱戀期」過了，工程師開始忙碌起來，回歸原本昏天暗地的工作模式。

盼盼和他從一星期見兩次面，淪落到一個月都不見得碰得到一次面。這對於原本習慣男人體貼的她，無異是強烈的不習慣。

「我真的很忙。」工程師的電話十次有九次都這麼回答，然後兩人就草草掛上電話。

數不盡的週末，都是盼盼孤伶伶的度過。有沒有男朋友似乎沒差了，她開始羨慕假日一對對出遊的情侶，突然覺得自己真的很不幸福。

以前那些花心前男友，還不時來電想與她共敘舊情，但是她心裡很清楚，他們不是「回頭」，而她也不會是唯一。但是，她無法否認，比起和工程師枯燥無味的對話，聽他們講話真是有趣多了，因為她永遠也打不進那些機械化的話題中。

也許這一回真的不同吧！她依然堅持，因為不想回到過去混亂的日子。拒絕了那些花花公子們的邀約，她獨自走上街頭，決定去看場電影轉換心情。

電影院裡，前面有一對自始至終就像一對長頸鹿般示愛的情侶，那恩愛的動作不時打斷她的注意力，直到電影散場，那對情人站了起來……是他！她的工程師男朋友。

她整個人幾乎快崩潰。是盼盼運氣太差了嗎？

想想我們自己，是不是有時被人傷了心，也會有想要試圖改變自己的念頭。改變是好的，但應該是從自己本身出發，而不是單單把重點放在改變「選擇」的路線。如果妳還是妳，那不過是強迫那些不屬於妳的東西來符合妳的要求罷了！

我們常會聽到有人這麼說：「什麼樣的人吸引到什麼樣的朋友。」佛家把它形容得更玄一點，就是所謂的「磁場」。

一個人受到好磁場的影響，自己慢慢也會散發那種光環，運氣隨之轉變，命運也跟著改善。

我們也有一種改變命運最簡單的方法，就是透過學習！學習就是一種很好的方法，學習知識、學得如何放寬心胸、學得如何去愛身邊的人事物，自然就會讓我們身上散發一種氣質，讓好人靠近，離幸福就不太遠。

所以，別急著找下一個替代品，也不要再費心去考驗對方，妳想生活過得有趣、多采多姿，何必依靠他人呢？就從自己開始，擴充知識，開闊眼界，讓自己變得幽默風趣，自然而然也會吸引像妳一樣有快樂特質的人向妳靠近啦！

愛情是一段軌跡，而不是人生的終極目標

愛情是一段軌跡，而不是人生的終極目標。要不到，哭天搶地，得不到，就玉石俱焚，或是為了得到對方的心，不擇手段，即使傷害他人也在所不惜。這些，都是罔顧愛情真諦的卑劣手段。

每個女孩小時候的夢想，都希望有個王子撿到她遺落的那隻玻璃鞋，直到我們長大，才知道那就是愛情。

愛情是什麼樣子的呢？它是圓、是方，嚐起來像酸酸甜甜的乳酪，還是苦苦澀澀的橘子皮？

有人把穿鞋子形容合適的戀情，其實不過是當年那個愛情童話的延伸罷

了！我實在是不想拿那部「好爛」片（麥迪遜之橋）來舉例，但是也只有如此，大家才比較容易想起。

那個明明被現實生活磨透的女主角渴望一段刺激，讓她的人生重新染上瑰麗色彩的事發生。那不外乎愛情，它就適時在空虛的夾縫中溜了進來，一段不軌從此發生！

最後為什麼又回頭了呢？其實也無關什麼責任、母性、勇氣這麼偉大，不過是認清了現實，認清那段愛情供養不起她所要的一切。女主角的人生已實現到某一個階段，何必回頭再重新開始呢？

如果你不是因為失去愛情，而是正陷於一段不愉快的婚姻，試圖去尋找壓力的出口，那個出口絕對不是要你去尋求一段外遇，而是透過心情的釋放，暫時脫離那個令你喘不過氣的壓力。

不只一位女性朋友向我坦誠，工作是她在感情或婚姻之外能夠自由呼吸的空間。透過忙碌的工作及工作上的成就感可以忘卻感情所帶來的挫敗感，其實努力讓自己過得更好才是最重要的。

把生活重心放在實踐那些你曾想做，卻尚未完成的夢想，或是你和他曾經許諾要一起完成的事。

如何將枯燥的生活化腐朽為神奇你也要盡一份心力不是嗎？如果沒有王子可以完成我們所有夢想的時候，最重要的莫過於珍惜現有的一切。除非你有夠強的心臟，可以面對人生一次又一次的重來。

如果你下定決心放棄那個帶給你愁雲慘霧過日子的人，也得做好準備再行動。千萬別一時衝動下甩頭離去，屆時又狼狽歸隊，這樣會讓一旁支持你的人都寒了心。

當然，童話的消滅在於你逐漸長大，心也隨著外界的挫折打擊而變得越來越堅強而實際。然而，童話不老，它還存在最天真、純稚的兒童心中。對於那些保留赤子之心的人來說，心態的年輕讓他無所畏懼，永懷著新鮮好奇，即使對方差勁，也能找出些優點，散發出新的火花。

記住，失戀就是一種讓自己進化的學習

謹慎面對感情的態度是我們保護自己最好的方法，就算小小的幾次失敗，在單戀階段就失去了繼續發展的機會，卻依舊能累積你對選擇戀情的經驗。

有人一輩子追求愛情卻總是得不到結果，有的人卻是人生勝利組，一出馬就告捷，我們稱之為「幸運兒」。而苦苦守候愛情的你，是不是老有一種失落的情緒呢？

在公司裡年輕未婚的同事，不知何時開始步上日劇的後塵，表面平靜的辦公桌後，「滴滴答答——嘟嘟——」的機械聲像是世間男女不平靜的心。

「妳到底有沒有和祥華在一起？」同事心心一向和李蓓走得很近，也開始注意到公司一些八卦。

「沒有啊！我們不過是最近比較常約一起游泳、喝茶，正好大家都無聊沒事幹嘛！」李蓓一臉無辜。

「真的嗎？」心心懷疑的看了她一眼。

李蓓覺得心心似乎太八卦了。然而往後的日子李蓓卻意外從朋友口中得知心心刻意接近他們，有些甚至和心心平日都不相往來的同事，他們竟然也接受心心熱情的邀約，共進午餐。

有人提醒李蓓，李蓓或多或少也懷疑起來。祥華卻在這陣子似乎有意疏遠李蓓，逐漸減少見面的次數，李蓓只當他真的有事。

雖然心底還是有些小小的疑慮，但每當她聯絡不到祥華時，心心都在身邊，適時化解她的困惑。

沒多久，她在一次聚會的場合巧遇祥華，他和一名女子親暱地摟在一起，乍見李蓓，他嚇了一跳，迅速抽回搭在對方肩上的手，像是被抓到做壞事的孩子一般。

「你大可不必這樣。」李蓓把這句欲衝口而出的話壓在心底，換上一副不在意的微笑，輕輕打個招呼便匆匆離去。

事後想起來，心裡當然怪怪的。因為站在祥華身邊的竟然是公司另一個部門的同事，她對於因此曾懷疑過心心而感到抱歉，而回過頭去勸心心。

兩個有些「同病相憐」的女孩在一起，也把之間的心結化解了。心心忍不住好奇的問：「蓓，妳難道不難過嗎？一開始祥華並沒有女朋友，對妳也頗有好感，妳為何不趁機把他抓緊一點？」現在她為李蓓抱不平了。

李蓓倒也篤定，不徐不緩的回她：「如果一開始，我就一頭栽進去，等愛上他之後才看清他的真面目，那我豈不是虧大了！」

看吧！即使失戀也不致令李蓓傷心遺憾，她反而用另一種角度去看待這樣的事。

事實上何嘗不是呢？一個花心的男人，或是性格上有很大缺陷的人，藏得了一時，但是藏不了一世的。愛情剛擦出火花的剎那，我們都像瞎了眼般，無論男人女人都設法展示自己最美好的一面。

保持適度距離，拉長朋友交往的時間，才能夠去看清一個對象的真面目，才不會讓妳愛錯一個人。就算對方耐不住性子轉而投向他人懷抱，令這段情感尚未開始就唱終曲，也不是一種損失，聰明的你，應該覺得萬幸才對！

每個單身男女都渴望愛情，但不必為了得到一個愛情而勉強去談戀愛，不要連交手的對象都摸不清底細就一頭栽進去。到時候賠上的可能是更悽慘的夢魘，比起未開始就失去的小小失落，那麼哪一個比較損失大呢？

對感情的態度謹慎是我們保護自己的最好方法，記住，失戀就是一種讓自己進化的學習，你免費上了一堂寶貴的課，還有什麼好憾恨的呢！

習慣當下享受、預支幸福的人，是很難真正嚐到成功果實的

每個人都嚮往過著幸福快樂的日子，但是這往往伴隨著一定程度的努力而來，缺乏穩定的生活作為基礎，任何幸福都顯得不堪一擊。

古人說：「貧賤夫妻百事哀」，指的不只是貧窮，還包括一事無成。雖然貧窮並不代表一定不快樂，但是無法在任何方面得到肯定，那必定是悲哀的。就像先前所提過的：人都需要在工作上證明自己，即使是一種奉獻也是在實現理想，缺乏理想的生活，是很難跟幸福扯上關係的。

正因為大部分人都缺乏耐心，不願意將成功當成長期抗戰的目標，總會有人想用投機取巧的方式速戰速決，想藉此一步登天。有沒有可以馬上看到成積的方法？可不可以不用遭受那些辛苦與挫折的過程就成功呢？

你會發現，越是希望快速達到目的的人，往往越是把事情弄得更糟糕。不僅與成功失之交臂，還懷疑起自己，最後喪失了信心。

到底要成功有多難？那些阻礙我們前進的絆腳石又是什麼？在這裡我做出了幾點分析：

1. 成功的殺手：預支幸福

沒有「儲蓄」的觀念，永遠難以看見一定規模的成績。成功是需要累積的，越是花時間與心力而獲得的成就越是難以取代，成功就像是你存款當中「零存整付」的概念，而大部分時候，我們都被教育成「分期付款」剝削了你原本可能的資產。

像現在的行銷手法，常常灌輸我們反方向的思維，告訴你一筆幾千塊的商品「你只需要一天少喝一杯豆漿」就行了。這看似輕鬆，你會覺得「少喝一杯豆漿也不會怎樣嘛！」更何況，你可能根本不喜歡喝豆漿！

但是小心這種商業語言，它不是真的要你不喝豆漿，而是讓你每天存一點錢來支付給對方，這就是一種預支幸福的手法。試想，如果你把這點錢省下來給自己呢？那是不是代表在一段時間以後，你會擁有一筆金錢或是成就？

如果你經常把那些商業術語反向思考，你就會發現你能擁有得更多，而不是失去得更多。把你預先支付的留給自己，就是在累積幸福，為成功奠定基石。

2.成功的殺手：當下享受

喜歡享受的人往往在得到一點點的成就，便立刻怠惰下來。他們會把「休息是為了走更長遠的路」當作藉口，慢慢的讓休息變成了怠惰。要知道凡事不進則退，在眾所皆知的「龜兔賽跑」寓言故事裡，走得慢的烏龜反而贏了健步如飛的兔子，就是一個不斷以休息為藉口，另一個則是不停止自己的腳步。

永遠記得當你停頓的時候，就是把機會讓給別人，在未達目的之前貪圖享樂，會讓你永遠也達不成目的。

3.成功的殺手：養成壞習慣

所有的習慣都不是短時間之內發生的，它來自於我們的漠視，認為稍微放鬆一下有何不可？只是犯點小錯無傷大雅。就是因為自己的縱容，讓那些不好的行為不知不覺養成習慣，在不自覺中變成你生活的一部分。

隨心所欲在追求成功的過程是危險的，因為這會讓你喪失戒心，在還沒有收穫之前就已經開始想要收成了。太過於縱容自己欲望的結果，很容易讓之前的辛勞化為灰燼。

約束自己的行為，這是一種謹慎行事的態度，可以讓你避開危險跟陷阱，很多人距離成功僅有一步之遙，卻往往達不到彼端，就是這個道理。

你的高度由你追隨與學習的對象而決定，與優秀的人為伍，你很快就能超越自己

有一回跟出版社聊起現在的學生都在看些什麼書，在一番激烈的辯論下，讓我不由得想起小時候閱讀的經歷。

說真的，我是那種從小喜歡看書的小孩，當然除了課本以外。一般人不愛看的參考書我可是愛不釋手，一買回來第一件事便是先翻遍每篇課文後面附帶的小故事，然後才願意好好閱讀關於課文的內容。

我從小的閱讀嗜好也是有階段性的：小學一、二年級迷戀四格漫畫，到三、四年級看少女漫畫，逐漸到高年級之後，那些漫畫書就「蒙塵」了，開始喜歡世界各國的寓言故事書。國中則是喜歡上閱讀愛情小說、西洋文學名著，當然三十幾歲以後的我，對愛情小說已經嗤之以鼻了，我的閱讀史可以

說漸進似地不斷淘汰與接納的過程。

因此我常常不能理解，為什麼一個人在成熟之後，還會迷戀漫畫類的書刊，我是以一種心智的成熟度來判別的。因為幼年的理解力跟成年不同，人應當是會不斷想接收更新更豐富的知識，而不是停滯在幼稚的思考時期。

這對應我們對未來的規劃也是一樣的，你應該伴隨著成長，定時改變仿效的對象，吸取不一樣的新知。而最能讓我們進步的，不會是跟你同樣的人，而是比你更卓越的對象。向成功者學習就對了！不管在哪一個領域，懂你所未知的、超越你成就好幾倍的，那就足以成為你的老師。

要明白，我們學習的是那些不懂的部分，而不是重複著已知的世界，越是令你感到艱澀難以達成的，就越是能為你帶來改變的契機。坊間有許多書籍告訴我們，應該「站在巨人的肩膀上學習」，雖然成功者只有一位，但是若能學到偶像的十分之一，也能擁有不小的成就。

這就好比你在一個優秀的學校裡，即使成績殿後，你的功課依然好過爛學校的佼佼者。到不是歧視學校教育，而是這社會原本就是一種群聚效應，你學習到的不只是知識，還有環境教育。經常接觸某一種人，你就很容易變成那個樣子，這是不爭的事實，但幸好踏入社會之後，你還能有所選擇，跟著優秀的人為伍、還是繼續躲在一群抱怨的族群當中，結局會大大的不同。

有一個剛踏入社會的小伙子，他在一間公司待了兩年之後，終於晉升的機會輪到他了。同時期進入公司的同事都非常羨慕他而紛紛拉攏著他，希望他成為主管後能對他們特別的關照。

不過，這個職位的空缺卻是因為這位員工的主管離職去自立門戶才騰出來的，這名員工在主管手下學習到不少經驗，也非常崇拜這位亦師亦父的前輩。因此當這位前主管同時向他招手，希望他到新創立的公司上班時，雖然薪水少，又是剛起步的小公司，但是這位員工卻義無反顧的追隨前主管，而放棄原公司的「肥缺」。

所有人都大感意外，甚至勸這名員工不要放棄大好機會，但這名員工卻表示：「我在這家公司左看右看，已經找不到可以學習的對象了，另一間公司或許前途未卜，但我相信跟著那名主管可以讓我學到一身的本領。」

果然，他跳槽以後，不出幾年，那間公司急速擴張，成了業界數一數二的上市公司，而他順理成章成為公司的股東，他的職銜不光只是一個小小的「組長」而是「經理」級的人物。

強者不會是你的知己或好友，但卻是照亮你生命的一盞明燈，你的高度由你追隨的對象決定，永遠要找最頂尖的人或事務作為學習的對象，那麼你很快就能超越自己，成為一樣優秀的人才。

厄運的背後往往是一種提醒，好運的到來則是靠努力招致

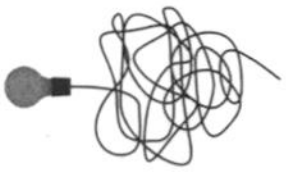

現代人求財、求運氣，習慣把運氣寄託在無形的力量上面，到處求神拜佛，卻忽略了要求自己。憑藉著自己的努力可以過得更好，可以改變命運，那為什麼卻把希望寄託在飄渺不確定的膜拜。

因為別人老是比我運氣好，當加薪沒你的份、尾牙時大獎都是別人抽中、偷懶老是被老闆抓到、加班時老闆卻看不見，好像整個世界都跟你做對，你的不滿就會與日遽增，似乎只要遇到不順遂的事，就把這些怪到運氣上頭。事實真的是這樣嗎？

我不得不用一個例子來形容這樣的心情，就是「吃在嘴裡、看在碗裡」；同樣一碗飯，我們總覺得別人碗裡的比較香，這其實是一種難以滿足

的心態。我們會在別人得意時，投以羨慕的眼光，漠視那些發生在自己身上的機會，總覺得自己不如人，卻沒有反省原因究竟出在哪裡，真的是好事都發生在別人身上，而你卻一點好運氣都沒有嗎？

有一位女性朋友，她提到有一天出門時覺得特別倒楣，先是踩進了水坑，然後坐錯車，回程時在那個偏遠的路上等了快一小時公車都還沒來。然而好巧不巧，就在那時候一輛轎車經過，停了下來。

她第一個反應是連退好幾步，以為自己該不會遇到歹徒了。沒想到車窗搖下來之後，裡頭坐著的竟然是以前的老同學，還是她求學時代暗戀的對象。這個意外的相逢卻成就了一斷良好的姻緣，沒想到那個「倒楣的一天」，竟然是改變她命運最關鍵的一天。

當你覺得沒有別人好運，當你羨慕別人老是輕易得到你想要的，不如回頭想想，難道你以前沒有令人羨慕的時候嗎？有時感到失意那不過是一時的，而且都是生活的一些瑣碎事件，別讓那些事情成為你的煩惱，你的運氣自然就會慢慢的轉順了。

也許那些的不順遂可能是另一種徵兆，提醒你別心存僥倖，時時注意自己的言行舉止，這麼說來不也是另一種好事嗎？

像是你覺得自己老是抽不到大獎，那正意味著你該專心在工作上，腳踏實地做事，或許你的工作運強過別人。每次摸魚都被抓包，那更是警惕你應該更為積極，別在工作上馬馬虎虎，若因此能改變對工作的態度，那也是另一項意外的收穫。

好運、壞運有時是一體兩面，別以極端的想法視之，那些厄運也會隨之扭轉。

每個人的機會都是平等的，可能一件好事發生在別人身上，而你卻擁有另一個機會。別光是羨慕別人，忽略了你曾經擁有的，其實看清楚了，你會發現自己並沒有比別人差，只是每個人的機會發生的時間、地點有所不同而已。

尤其當你抱怨懷才不遇、生命中缺乏貴人的時候，這跟運氣沒有絕對關係，而是你必須問問自己：你盡力了沒有？一個無論何時何地都保持認真負責的精神，很容易得到他人的信賴感。

如果希望得到助力，自己也需要先付出努力，才能引起注意，貴人不是強求而來，而是因著你的表現自然而然親近。瞭解到這點，你會發現自己才是最大的貴人，當你不向外乞求，而是從本身做起時，運氣自然好起來，不需要自尋煩惱。

CHAPTER 03

做自己心靈的主人，別成為情緒的奴隸

停止無謂的憂傷，每天記下生活中十件讓你覺得美好的事物

人是情緒化的動物，很多時候，我們的心情是不受控制的，可能因為別人的一句好話、或者是讀到一則新聞，而讓我們隨之愉悅或悲傷。

但是可以肯定的是，太多負面的情緒，只會讓人意志消沉，無形中背負了悲劇性的角色，對我們的生活品質大打折扣，一點好處都沒有。反之，如果我們懂得時時創造快樂的氣氛，對生活的態度也處處積極起來，原本令人煩惱的事也會隨之煙消雲散。

如何時時保持好心情，訣竅就從注意身邊微小的事物開始，而且往美好的事物去聯想，趕走原本沉澱在心中的雲霧。

尤其在我們心裡感到不滿足時，更該把注意力專注於那些令人振奮的事

情，而不是頻頻回顧過往。

像我經常在旅行的過程中，有時會不禁抱怨自己為什麼要待在某個地方，尤其在一段旅行結束後回到家，這時是最讓人感到沮喪的。自己回來的理由全都落空，譬如工作出了狀況、朋友也不理妳、連家人都開始抱怨等等，我不禁自問，回來幹什麼？

但是，就在一個充滿陽光的好天氣裡，涼涼的秋風吹拂著，那可能是在另一個世界裡享受不到的事，光是為了這一點，就有回來的好理由。

窗台上心愛的植物被及時救活，重新展開茂盛的枝葉，好像感謝妳回來拯救了它，這就是應該感到開心的好理由。

合作的對象因為某個緣故終止了一項合約，但因為深感抱歉，替我架設一個網站作為補償，這又是一個回來的好理由。

愛車泡了水，保險公司賠了現金，讓自己手頭又寬裕了些，雖然沒車好開，但大眾交通工具還是很方便，還省去保養車子、擔心車子被刮傷、停不到車位等問題。

當我為房貸而煩惱，聽到朋友抱怨台北的房租依然居高不下負擔不起的時候，這時就會慶幸自己在這裡有一個殼而不再那麼自怨自艾。

沒有事情是絕對壞到底的，在最惡劣的情況下，你依然能看到光明，就在於你願不願意去尋找。

許多人為了面子，常常誇大了他所在的處境，讓人乍聽之下，覺得自己為什麼這麼倒楣、為什麼不能和他一樣，但如果你真的成為你所羨慕的那一種人，就完全脫困沒煩惱了嗎？

當然不是。

人總是擅於掩飾自己脆弱的一面，千萬別被外表的假象所矇騙了。

你不是別人，你也不可能成為別人的另一個影子。生活是自己的，你的感受沒有人可以代你承擔，所以，何不讓自己以適合的方式，去追求快樂的人生，去察覺生活中每天能激起你愉悅的事，那才是擁有的無價之寶。

所以，快快停止無謂的憂傷，就是現在，提起筆來，每天記下生活中十件令你覺得美好的事物，你會發現讓自己快樂起來，一點也不難。

「倒楣事」是風水輪流轉的，唯獨不一樣的是每個人看待它的嚴重性不同

我們總是會一不小心便被生活中的瑣事所激怒，一件小事的不順心，所招致的可能是一整天很糟的情緒。

在某個下雨天，他被圍困在繁忙的東區街頭，被重重的車陣和擁擠的人潮所遺忘。雨水傾盆而下，他渾身濕透，一道道水珠串成的水柱由髮梢墜落。那人走進一家便利商店，眼睜睜地看著最後一把雨傘正被前頭的人買走，他無奈地走出便利商店，呆望著一輛又一輛載著乘客的計程車從眼前飛逝而過，他獨自站在百步之內沒有公車的路段，無法橫跨馬路，雨依然大如瀑布。

只是搭錯一班車，他以極其難堪的姿態被團團圍困在進退不得的地步。今天真是倒楣到了極點，他心中暗罵。

憤怒與怨懟救得了他嗎？你可曾想想，是否同樣的情形也曾發生在你的身上，那時的你，如何應對這麼一場難關。恐怕也只有鑽牛角尖的份。看吧！我們總是會一不小心便被生活中的瑣事所激怒，一件小事的不順心，所招致的可能是一整晚很糟的情緒，卻只能獨自在那裡跳腳，卻什麼辦法都沒有。

當然，有人一怒奮發圖強，一怒足以傾國傾城，那當然具有正面的意義，而且足以被後人大書特書作為師法的例子。可是，這樣的倒楣事，即使你再火大，火氣快升成頭頂的水蒸氣，也是於事無補，頂多買輛車來開開吧！不想再受交通工具的氣。

你以為麻煩、衰運就此結束了嗎？到時候你得保佑車子不拋錨、被拖吊等問題，解決了一樁問題還有一樁，在運氣不好的日子，什麼「烏龍事」都有可能發生。

不必去想那些有關什麼幸不幸運的事情了，再順暢的道路，你都有可能因為踢到自己的後腳跟而摔一大跤。

請相信，這樣的「倒楣事」真的是風水輪流轉的，你問別人，他們都有可能發生過。唯獨不同的是，每個人看待它的嚴重性不同而已。

事情發生就發生了，事過境遷，你現在還不是過得好好的，有因此而少一塊肉，掉一條腿嗎？那麼困於當下的你，為何不放寬心情，想一想如何心平氣和，讓自己享受一些小確幸，化解不愉快的心情。

反正鞋子都濕了，乾脆肆無忌憚，大步踩出去，不管地上水坑的深淺，想像小時候喜歡跑進雨中濺起一朵朵水花的時光，那時是多麼無拘無束啊！

或是，站在屋簷下欣賞著霧花花的景色，想點心事吧！沒有人會奇怪你的駐足，反正每個人都或多或少濕了一半，你的狼狽其實是被視為正常的。享受這在忙碌緊湊生活中難得的靜思，也許會給你一點啟發也不一定。

還有，借把傘吧！很少人會拒絕在大雨中雙手空空沒有遮蔽物的人。趁機打破人與人之間的藩籬，感受一下人性的溫暖面，搞不好因此而有很棒的邂逅唷！

把原本你覺得：「糟透了！」的事，化為美好，當作是對自己的考驗，
相信你會有一個難忘的體驗。

放空一下，享受一整天無所事事的時光，讓壓力消失於無形

在不景氣的環境中，經常聽到有人患了憂鬱症，電視上也不斷談論到這樣的話題，變成了不僅是醫學上的名詞，而是每個人普遍會犯上的毛病，像是瘟疫一般侵襲著我們的生活。

我們大多數人都懂得面對問題的時候不要緊張，要冷靜處理，卻又為著後頭接踵而來的考量憂心不已。擔心自己的前途、家庭、感情，這些憂慮已經成為現代人放不開的情結。

即使度假去，都還是可以看到有人拿著手機，放不掉原來的牽掛。我們總是會害怕自己進步得不夠快，怕別人追過我們，卻又經常無計可施。

像我一位在事業上很成功的朋友，告訴我以前她的同事，在發現自己無

法像她一樣的成功時，竟然經常打電話來恐嚇，到了歇斯底里的地步。

我不知道緊張的壓力是從哪兒造成的，可能是個性上的關係，也可能是環境促成的，當你的生存空間狹小，身旁的競爭者又不斷出現時，爭不過別人的情況，當然會讓我們不由自主地躁鬱起來。

有一段時間，我居住在鄉下，剛開始真的很難適應當地的步調；每個人走路都慢吞吞的，連過個馬路也是，沒有人會在黃燈時加快腳步衝過去，大部分人都是立刻停下腳步等待綠燈。

而奇怪的是，最有耐心排隊的人居住的地方，反而沒有人在排隊。如果一家店客滿，他們寧可走更遠的路換另一家店消費，他們給自己選擇的空間反而更大。

想想，是不是因為我們對事物的要求太過急切，才會讓自己的生活更為狹小，難道我們就沒有其他選擇了嗎？

有陣子，連我這麼愛畫畫的人，都很難定下心來完成一幅作品，走起路來也比人快上一倍。

有一次，我和朋友走在一起，他打趣說道：「妳走得那麼快，大家都等著看妳摔跤的樣子。」

我不禁恍然大悟；我一心想快些到達目的地，如果卻因而摔了一跤，搞不好還被送進醫院，那豈不更延誤時間了。

在鄉下的那段時間裡，看別人都如此閒散著，一整天沒特別做什麼事情。但他們臉上充滿著愜意的神情。日子還是一樣的過，上帝不會因為你特別忙碌而多分給你一段時間，也不會因為你停下腳步來，就停止時間的運行。

那麼，為何不適時地放鬆一下，懶散也好、作作白日夢也罷，享受一天無所事事的時光，讓壓力消失於無形。

「休息是為了走更長的路」。懂得適時放鬆自己，做些你想做的事，反而會從中得到新的領悟，開創更美好的人生。

以開放的心胸去接納每件事，會讓我們的思想更加開闊

我們常聽人家說：「開放的心胸」。要做到肚量寬大並不是那麼容易，但是它對我們的生活又有著絕對的影響力。開放的心胸是指對我們周遭的事物具有忍耐力和包容力。唯有接受不同的意見，而不急著去反駁，思想才有拓展的可能，然而大多數的人，連這一點都很難做到。

當我們聽到一個人對著自己說：「你太主觀了。」其實不用急著生氣或反駁對方，因為會說出這樣的話，基本上他們才是主觀意識最強的，把所有不同於自己的意見，都歸於錯誤的想法，那樣是很難吸收到寶貴的經驗談。也許一時間，他們好像占了上風，但是損失的，卻是他們所見不著的。

現代人就是話太多，也不知哪來這麼多急於表達的意見，不管是有意義沒意義，就是非得傾巢而出像灌泥漿一樣，硬要把別人的嘴堵住。這不會讓一個人變聰明些，因為你說出的也只是你已經知道的事，只有在接納別人意見時，你才會有新的東西吸收進來。

先不要對別人想說的話表示反駁，也不要對別人做事的方法和自己不同，就大動肝火，仔細觀察別人，看看人家是怎樣做的，每個人必有他的優點存在，而這些「優點」就是你所要學習的地方，也只有打開心胸才能聽得到、見得著。

記得以前去採訪一位博學多聞的長輩，在談過主題之後，我向他提到了對新一代青少年的看法：「我覺得他們自以為是和眼高手低，對生活缺乏目標等等。」

這位長輩突然開口了：「其實我們青少年的時候，不也是這樣，不要用年代來區隔這些人，不能把人一概而論，上進的人也是有的。」

此話一出，我瞬間為自己的論調感到慚愧，也為自己的概括而論有所反省。

是啊！我們也曾經年少輕狂，卻漠視了那時的錯誤，等別人犯了和我們一樣的矛盾時，反而去指責，這不是等於也在嘲笑自己以往的愚昧無知嗎？

這位長輩口中的「不能把人一概而論」真的讓我留下深刻的印象。

社會上有許多人習慣用種族、國籍、膚色去分隔人的不同，就是犯了心胸狹窄的毛病。人是因為本身的作為而變得好與惡的，這些不該是用出生的標記去做判斷，這樣是很不公平的。

有些人活了一大把年紀，還在固執不通，也是很難因此得到尊重。所以摒棄以往的成見，我們才能在思想上更為開通，接納更多不同的思想進來，讓我們更具有智慧，在處理人生問題上更得心應手。

要能擁有足夠的胸襟，這裡提供一些檢視的方法作為參考：

1. 首先是拋棄固有的成見、學習不自私、不以自我為中心。
2. 用公平公正的態度去對待別人。
3. 停止抱怨。
4. 不在背地裡說長道短，不如正面聽聽別人怎麼說。

5. 放低姿態，不要以年紀、學歷，甚至外表去歧視人家，要把每個人都看成可以學習的對象。

生活上值得我們在意的事太多，不必因為別人幾句挑釁的話就大動肝火

出國久居一段時間回來，好像尚未適應自己生長的環境，還以國外那種人與人之間的互動來面對自己身處的環境。第一個讓我印象深刻的事，是在等車時遇到一位中年婦人。

當我在一家擁擠的咖啡專賣店，端著杯子找不到位置時，那位婦人向我露出了笑臉，坐在她對面的男子也同時起身很客氣的讓座。

「我很快就要走了，妳可以坐這裡。」男子說。

剛開始我還很不好意思，只是覺得怎麼遇到這等好人，這下子我可要對陌生人改觀了。通常在都市裡的人們都是比較冷漠的，這是我對台北一直以來的印象。

於是，在我站著不肯靠近的情況下，那位男子主動走開了，加上中年婦人熱情的招呼，令我難以抗拒。

一坐下來，當然也就寒暄了兩句，正當我想說原來台北人並不是如印象中冷漠的話時，這位婦人搶先一步開口說：「不知道妳對我們公司的產品有沒有興趣？」

原來她是做直銷的。

我有如一顆洩了氣的皮球。

等她坦白說出自己的目的和身分時，鄰座的女子一直注視著我們，好像對我們的話題產生高度興趣。終於起身走開，這時，我看到她手上夾著○○保險公司字樣的文件。

其實我的心情不如以往遇到同樣場面那般激動，代之而起的是一股無奈和感慨。

在繁忙的城市裡，如果有人主動向我們伸出友誼的手，溫暖的笑臉，那是多麼令人欣慰的事，可是，往往遇到願意這麼做的人，背後卻隱藏著另一層目的。反而讓人對於人心感到失望了！

我常在想，這在國外很平常的事。為什麼到國內就不一樣了呢？

也許我們在求學時代或是還未離開鄉下老家時，我們也是抱持著這種態度去對人的。而受過社會的洗禮，我們變得退縮、不敢再以善良的面目對人，時時抱著防人之心不可無的態度去面對問題，我常常就聽認識的人說：「一個人好寂寞，人與人的疏離感好重。」這似乎反映出許多都市人的心聲。

在都市裡住久的人，慢慢收起了原本與人親近和善的態度。

有時，我們不能怪別人為什麼會這樣，為什麼他們不改變，而忽略了我們本身對別人的態度又是怎樣？

也許因為你以前對別人的熱情被澆了一盆冷水，因而退縮，覺得這世界並不如我們所預期，因此面對人與事情都先轉而冷漠以對，這是會惡性循環的。負面的影響是，你把這些好的一面隱藏起來，把自己裝成像刺蝟一樣，好像先主動攻擊，比被刺傷要來得好。那樣我們自然會一直活在不愉快當中。

在國外生活的經驗，我在外國人身上學習到的，是如何保護自己，而不是先發制人。

你先要對自己充滿自信，對於惡意的挑撥，就以冷漠來回應。對於那些不愉快的狀況，就視而不見、充耳不聞。生活上值得我們在意的事情太多了，不必因為別人幾句挑釁的話就大動肝火。

記得有一次我在國外的大街上走著，兩個小蘿蔔頭騎著腳踏車從我身旁呼嘯而過，說了一連串不知哪學來的英文髒話，我先是被激怒了，隨後匆匆跑去向朋友抱怨這件事。

朋友問我，他們說了些什麼？事實上，我只知道那些是惡劣的字眼，但也忘記他們真正罵的是什麼。既然想不起來，也就氣消了一大半，覺得為這種事生氣真是無稽。

所以在這裡我要說的是，保持你的熱情與活力，一定能遇到與你相對回應的人。我們只求如此，保有自己，不要因為與人為善就要求回報，也不要因為別人的惡劣回應而改變我們的心情，由自己先做起，你會發現所見的世界變得不一樣了。

覺得手頭拮据，不是錢不夠用，而是我們花錢的態度，對金錢的認知不夠

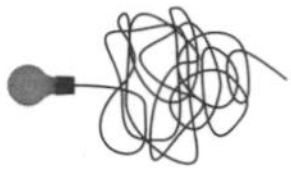

最近常和朋友開玩笑說：「走一趟國外，我成了千萬富婆。」其實不是到國外「撈女」或是遇上富豪男友之類的，而是區區幾個新台幣換算成外幣的現值，一下跳升數百倍。雖然擁有的資金一樣，但感受卻是大大不同。

當然我不是鼓勵大家往落後國家出走，而是提供一些對於金錢的省思。

記得小時候玩一種「大富翁」的遊戲，堆在每位遊戲者面前的鈔票面額，都是一輩子想都不敢想的數字，孩提時把抓在手上無法兌現的鈔票，在幻想國度裡買下世界各地的土地，在上頭蓋房子，一層又一層……

而長大後，現實世界又是怎麼一回事呢？

缺少祖先庇蔭的年輕人，只能靠著自己的實力打拚，真正累積財富的人

卻是少之又少，絕大多數的人都和我一樣，停滯在中產階級程度裡奮鬥，收入不上不下，但是若不小心工作中斷，又會面臨財務危機。

也許我們的收入不算少，當在穩定的工作環境下，往往也讓人最容易疏忽，一手進一手出。每月薪水正好在月底時散個精光。好像不管薪水怎麼增加都不夠用，這就是年輕時的生活型態。

常常要等過了某個階段，或是面臨到現在的不景氣，才會觸動人的危機意識。就像我往往在搬家時，清點一下衣物，才發現自己竟然買了那麼多無用的東西。

為什麼老會覺得手頭拮据，錢不夠用？很多時候，並不是真的不夠，而是在我們花錢的態度，對金錢的認知不夠。

當我們無法開拓財源，像富人般揮霍時，最好的方式是，如何把自己的錢變大。一來，你也可以有更富足的感覺；二來，不讓自己成為錢的奴隸。

從日常花費去檢討，一樣的三餐，非得上館子、餐廳不可嗎？想買衣服、皮包時，停下來回想一下，衣櫥裡是否早就有同類型的衣物，只是被你忽略了。

把愛逛街的習慣改一下，回到家裡整理一下原有的衣物，重新拿出來刷洗一番，好過無謂的浪費，也替自己省下可觀的費用。

諸如此類，減低生活上的花費，節省下來的小錢一點一滴累積，無形中你的財富就會增加，心裡也會更踏實些，把一些該省的省下來，你的錢就好像變大了。

記得有一回，我坐上朋友的摩托車，外衣夾克的收縮繩給捲進車輪子裡，朋友花了好大工夫才把它取出來，我一看那條繩子已經被油汙給弄髒了，隨手就想把它扔掉。

朋友及時阻止了我。

「給我好嗎？」朋友央求道。

我當然不假思索地交給他，臉上帶著懷疑的神情，看他把那條繩索小心翼翼地收好，放進口袋裡。

「這繩子很耐用，可以作很多用途。」

聽他這麼說，我突然有些慚愧，想起自己很多時候貪圖方便，把可用的東西隨手一扔，等要用的時候，才又再花錢去買。想想那些物資匱乏的國度，人們是如何珍惜手上可用的資源，不就顯得我們過度浪費了嗎？

別看歐洲人好像生活過得很富足，我一位歐洲朋友會播放一些很特別的音樂給我聽，在我訝異於她在哪裡買到時，她不經意的回答說：「這些都是我聽廣播時錄下來的音樂，好聽吧！」

不是所有的享受你都得要花錢去買，也不是花了錢才能買到生活品質，學會珍惜物資的觀念，就能讓人的財富增多，學著把一塊錢當十塊錢用，你就會覺得自己其實是很富有，而不會時時為錢煩惱。

只要下定決心去做，永遠不會太遲，就怕一生執迷不悟

在我們為事業衝刺，為家庭感情付出的時候，執著是件好事，不讓我們心有旁騖，忘記了應該負起的責任。「執著」放在某些事情上是好的，但因為時時惦記著形成這樣的認真，可是如果對任何事都不放過，這就過了頭，變成鑽牛角尖。

必須執著的事情，應該放在令我們感到幸福的事情上，但是我們卻往往忽略了這一點。

有某個人對我們不好，就開始想一些報復的手段，或是責怪自己哪一點做錯；在工作上，愛情乃至家庭的問題，都抱持著這樣的心，只會把原本單

純的事件搞得更加複雜。有位外省籍的朋友，當初在省籍話題被政客吵得火熱時，也開始和我有意見上的衝突，動不動就抬上「是不是中國人」、「愛不愛臺灣」等字眼，不管你願不願意談，就是有人逼著你去面對。當然，我這朋友激動得差點因為這話題跟我翻臉。

經過好幾個月，我出國旅行後又回來時，撥空打電話給這位朋友，他竟還丟了一句：「妳一定不愛臺灣，才出國那麼久。」這話真教人氣結。

也許這位朋友不知道，他真正的損失是什麼？

原本好好的友誼因此破裂，真的是一點意義都沒有。

我們常犯一個毛病，在問題的癥結點上爭執不休，事實上，卻忘了反問自己，這樣的爭執有何意義？你有辦法或有權力扭轉局勢嗎？否則爭取的認同，不過是固執己見的表現罷了。

每個人的視野不同，當你對著井底之蛙大喊：「飛翔天際是世界上最美好的事。」牠還是寧可你丟些昆蟲下來比較實在。

經常，我們所執著的，只是困於我們的思想裡，在別人眼裡根本一文不值，影響性也是微乎其微，過於執著反而讓人變得不滿而暴躁不安。

當我們抱怨對朋友義氣，而對方卻背地裡中傷；埋怨對情人付出太多，而對方卻棄你而去，其實這些都是犯了執著的毛病。

人心易變、環境也容易變遷，虛偽、狡詐等複雜的人性充斥在世上，我們既不是木頭也不是甲冑，總難免有被刺傷的時候，越是執著的人，就傷得越深。

也許那傷口淺薄，是我們自己在上頭灑鹽，或是替敵人刺得更深一些，這些都是執著惹來的禍啊！

有一個人拿著長矛刺向你，而你赤手空拳時，唯有閃躲才是保護自己最好的方法。如同你對一個人的愛，如果不被接受時，試想，這世上值得你去愛的人還很多，甚至還有人排隊等著呢，何必單戀一枝花，只要多交朋友，認識更多的人，你就會發現真正值得被關注的人，並不是那個老是傷害你的人。

有的人一輩子執著在賺錢這件事，卻不知道已經錯過了人生許多美好的事物，等到老了，回顧人生才喟然感嘆。

「我小時候運動細胞好發達，跑步超快的，畫畫也拿下好多獎項喔！」

很多時候，你只要當下決定去做，沒有什麼事是來得太遲，就怕一生執迷不悟。

山不轉路轉，凡事想開點，偶爾放自己一個假，看看別人是怎麼生活的；尤其是那些沉浸在幸福的人。

人生可以追求的事物太多了，令你快樂的方式也有很多選擇，別盡往死胡同裡鑽，你才有機會發現生活的另一處「桃花源」。

想要活得精采愉快，
就要有從不同面向去看待世界的豁達心境

當世界局勢混亂，你的心情也隨著搖擺不定時，怎還有心力去處理眼前的生活？不如換個角度去看待世界吧！

不一定所有事情都很美好，也不一定事情就糟得無路可退，有時在於你的心境，任何事物都有轉圜的空間，就存乎於你的一念之間。

有陣子，受不了屋外的噪音過於嘈雜，影響到我的日常起居，嘗試各種對抗的方法，直到自己筋疲力竭為止，也不見得改善，經常就這麼陷入苦悶。

因此我帶著逃離一般的心情，逃出了那個住所，改變了原來的生活型態後，才發現原來自己是個懶得出門的人，總是為自己找各種理由懶得出門。有待辦的事？明天再做也是一樣，拖著、拖著，或許因為音響裡正播放著一首好聽的音樂，這個時段的電影比較沒有人，然後拖拖拉拉這一耽擱，郵局、銀行也過了營業時間……

我經常為自己這樣的懶散而扼腕。

但是現在，因為惱人的噪音問題，讓自己不得不找各種出門的藉口，不漏掉任何一個該處理好的細節，更抽空泡在咖啡廳，把工作場合換個更大的空間，改到圖書館、咖啡廳……漸漸改變原本蟄伏於家中的習慣。

改變一種生活的習性，也許你會懷疑這樣子好不好？

任何一種改變，新的生活方式自然也改變你看事物的角度，也一定有正面的意義，就如一名藝術或文字工作者不該把自己封鎖在固定的空間裡，必須出外接受不同的刺激，而一名傑出的業務員，有時也該停下奔波的腳步，找個安靜的角落沉澱一下。

偶爾改變生活方式，連帶改變你對一些事物的看法。科學家提出三度空間，物體都有各個不同面；像是一個鏡子的背面，它就不算是面鏡子；一瓶不適用的化妝水，你把它倒掉，瓶子清洗一下，又成了可利用的容器。

物體可以改變，同樣的，事件的發生更不一定只有好或壞的一面，全在我們看待事物的態度上。有人說情侶吵架是為了感情加溫，但試問有誰喜歡發火，誰不是希望生活平穩寧靜，和愛人幸福甜蜜相處，但是事情往往無法如預期。

當你被好友出賣，工作出狀況等等，遭遇挫折打擊，難免會有一時的氣餒，但換個角度想想——如果不是因為工作上的失誤，怎會讓你發現自己還有不足之處，需要加強能力訓練的機會；朋友的背叛，反而及時讓你看清損友的真面目，早點斷絕來往，以免損失更大。

如果硬要套一句佛家的「因果論」在看事情的態度上亦可以，它可以培養我們更豁達的人生觀，以樂觀積極的態度去面對人生種種意外。

所以，停止抱怨眼前的不公，你該做的是，想出解決之道，要不然，換個角度去看待，事情只有更好，不會更糟。

想要活得精采愉快，就要有從不同面向去看待世界的豁達心境，而且從中不斷學習，自能體悟另一層新的境界。

好的思維吸引好的磁場，樂觀以對，就能替自己打造美好的未來

人的潛意識是很不可思議的，通常我們灌輸在腦海裡的事物，似乎就不知不覺會發生，這是因為想法控制了我們的行為，所產生的結果。光是看那些幸福的人們，經常把歡樂掛在臉上，好像發生再大的苦難，都阻擋不了他們追求快樂的決心，然而最後的結局都將如他們所願。

悲觀思維的人，無論在什麼樣的處境，也難以令她快樂，即使給他們全世界卻依然無法取代他們內在擔憂恐懼的心靈。他們的不幸來自於錯誤的觀念，也可能是受到環境的影響。我們無法預測未來，但是好的思維帶來好的命運，卻是不爭的事實。

有兩個旅客搭船時發生意外，船沈了，他們被海浪捲到一座無人的小島。

其中一人唉聲嘆氣說：「為什麼我這麼倒楣遇到這種事情？」另一個人卻很開心的說：「什麼倒楣！我們是幸運沒跟船一塊沈到海底，至少我們還活著。」

那位悲觀的旅客還是很難過的說：「你看，這個島上什麼東西也沒有，我們一定會餓死在這裡的。」

樂觀的人卻說：「這裡都沒有人，那我們不就可以當島主了。」

那名悲傷的旅客還是唉聲嘆氣的坐在那裡，一點都聽不進去。而樂觀的旅客卻已經開始在島嶼上探險了，他爬過一個又一個丘陵地尋找水源、糧食，意外的被他發現一個村落。雖然當不了島主，但是他卻在那兒得到豐盛的款待。當他領著村民回到當初被沖到的岸邊，卻發現那名悲傷的旅客早已經餓死在那裡了。

其實真正讓那名旅客死亡的，不在於這個荒島沒有生存的條件，而是他負面的思想。也許那名樂觀的旅客不會找到村落，但是依然有讓他存活下去的機會，因為他能正面的看待每件事情，帶給他求生的意志。

意志力往往能在危難中產生不可思議的力量。

有一位朋友告訴我，他在旅行途中得到奇怪的熱病，當時幾乎全身無力，連走路都有困難。但是他想到好不容易存錢來這一趟，還是咬牙撐完整個旅程，當他回到國內時，被判定那是一種可以致死的疾病，他因而在醫院裡躺了大半個月才復原。

不僅他自己，包括醫生都不敢相信他能帶病旅行，還可以撐回到國內。當他想起這段歷程也忍不住冒了一身冷汗，因為他可能客死異鄉，沒想到竟然平安無事走完全程。這如果不是意志力是什麼？當你潛意識裡認為自己很好，生理上似乎會產生一種奇怪的復原機制，讓你覺得真的能撐下去。

當然這不是建議人不要在乎身上的病痛，而是告訴你往好的方面去想，事情往往會有很大的轉機。

人生難免遇到許多生離死別的時候，如果你能以一種樂觀的態度去面對，就能更平靜的面對那些哀傷，甚至轉變為另一種機會在你面前。孤單時想著一個人的自由；遭遇困難時，從中學習更多的經驗，這都是一種正面的態度，幫你走過人生的低潮。

有人說：「當你已經在谷底了，還會有什麼更糟的事發生呢？」，既然不會更糟那就是該輪到好事發生了，不必把人生的起起伏伏看得太在意，相信明天會更好，那麼夢想就能成真。

因為好的思維吸引好的磁場，思想是一種動力，永遠跑在行為之前，因此以樂觀積極的態度面對事情的人，總是能替自己打造一個美好的未來。

人生有無限的可能，未來也有無限的可能

當機會來敲門時，你緊緊抓住了沒有？

人最怕先自我設限，當到達某一個階段之後，就停止學習的腳步了，認為自己已經夠了，不會再更好，於是生活也隨之停滯下來。這尤其在工作遇到瓶頸時，最容易發現大部分人很容易怠惰下來，在困難面前豎起白旗。

科學家發現，人類的大腦一般已經被利用的，不到萬分之一，意味有許多的潛力還未被開發，不管你我都一樣，我們只是以個人習慣性的思維，來決定作為，因而為自己建造了一個監獄，然後將自己囚禁在裡頭，卻完然不自知。其實，你可以做到的遠超過你所能想像的。

幾年前有一部奧斯卡提名的電影「當幸福來敲門」，這是一部真人真事的電影。

男主角克里斯（Chris Gardner）在真實世界中，是一位白手起家的富翁，堪稱美國社會成功的典範。克里斯來自一個暴力的家庭，母親坐牢、父親遺棄了家人，留在家中的他經常受到繼父的虐待，隨後他被送去跟舅舅一塊居住。

由於受到舅舅的影響，克里斯長大後就朝醫學相關工作發展，成為一個醫療設備的推銷員，但是收入很不穩定。當時他結婚了，還有一個兒子。

有一天，克里斯遇到一名駕駛著紅色法拉利的股票經紀人，他的人生從那天起開始有了轉變。當他決定成為證券交易員之後，他辭去了原本的工作；在那個同時，他的太太也離他而去，這件事對於克里斯造成極大的打擊，剛開始當實習生是沒有收入的，在這一年裡，他只好帶著兒子在市區到處流浪，成為無家可歸的流浪漢，最慘的時候還去睡過公共廁所。但是透過他的努力與堅持，最後克里斯終於拿到經紀證照。他不僅不需要再住在貧民窟或遊民收容所，而且遠離了過去的貧窮不堪。

這是一個堅持理想的真實經歷，當然又是一個倡導著「美國夢」的電影，但是在哪麼大的國家裡，又有多少人能真的出頭，完成他們的夢想呢？

在這世界無論各個角落，機會是永遠存在的，只看你能不能發現，在找到之後是否能排除萬難去爭取。所有的夢想剛開始都是非常美好的，但是要跨越現在跟未來那道鴻溝卻遙不可及。這就像是越是稀有珍貴的植物或礦產，總是藏在最難以攀爬開採的地區，若非有極大的毅力是很難獲得的。

成功也是一樣，每個人一生中總有出現幾次的機會，但是多數人都視若無睹，或是做到一半就放棄了，這也是真正成功者寥寥可數的原因。

你或許可以說；這世上有「想法」的人很多，但真正具有執行力的人卻很少，回想一下自己，是不是很多時候你發現有人在某個行業成功之後，你會感嘆一聲：「那個點子我之前就想過了！」

沒錯，可能不只你想過，許多人都曾經有過這個念頭，可是當你的行動力無法趕上你的想法時，再好的計畫也是枉然。像是國父推翻滿清歷經十次的革命，任何國家的獨立都得經過許許多多的流血衝突，但真正能帶領群眾堅持到底的人只有一個，唯有強人才能堅持到底完成最後的使命。

改變自己的命運也需要這種革命家的精神，要推翻過往的生活並不容易，過程中你甚至會過得比以往更糟，甚至遭遇到前所未有的挫折，但是這都是必然的過程，考驗著你的意志力，唯有相信自己的人才能取得最後的勝利。你要相信自己的能力不止於此，你可以做得更好、過得更棒，才能激發出源源不絕的能量，督促著自己不斷向前。

不為自己設限，你將發現可以做到的超乎自己想像，那是因為許多能力是你過去沒有發現的，你不過是激發了那些被忽略的潛在力量，在嘗試各種可能性的過程，你的大腦也隨之被一一開發，被開啟的智慧將克服過去種種你認為不可能突破的障礙。

只要我們不為自己設限，就沒有任何人事物足以阻擋你想做的事情，學習堅持到底的決心跟勇氣，終能改變自己的命運。

每個人都可以靠自己的本事受人尊敬

人生是一條漫長的競賽，不到終點，誰都不能說是真正的贏家。

這句話乍聽之下，似乎有點消極，但是你卻不得不承認，這是不爭的事實。當你看到社會上的貧富差距越來越大，有人坐擁百萬月薪住豪宅開名車，而有多少人餐風露宿，連一個棲身之所都租不起。

有人出生在政治世家，含著金湯匙長大，先天的條件就比人強過一等，更有些天才甚至不用花太多時間讀書就能輕易拿高分，既然是這樣，那麼我們討論勤奮、努力這些觀念，是不是很讓人感到頹喪呢？

那倒是未必。如果你因為別人天生的條件高人一等，就覺得永遠贏不過人家而放棄，甚至完全不努力的話，那麼就是宿命論之下的犧牲者，是悲觀主義者，那麼理所當然永遠擺脫不了不平等的命運。

其實你可以這麼想：上帝對每個人都是公平的，起初你以為自己比不上別人，但那只是你還沒發覺你的優勢，當你懂得該怎樣發揮所長之後，持續努力，必能迎頭趕上，不再處於劣勢。

俄國小說家杜斯妥也夫斯基說：「每個人都可以靠自己的本事而受人尊敬。」因為人可以改變命運，這是我們與動物之間不同之處。問題就在於你願不願意，而不是你能不能。

因此，別看輕自己的能力，每個人都有無限潛能，只是看你發揮了多少，決定你未來的輸贏。與生俱來的優勢，並不代表可以絕對佔上風，因為人生是一場漫長的競賽，在過程中有人超前有人落後，輸在起跑點，並不代表無法後來居上。

據社會學家研究指出，許多天才兒童長大成人之後，依然能表現出色者少之又少，這正說明了天賦異稟並不是成功的保證，甚至有可能反而是一種障礙。我們也經常發現周遭所認識的親友們當中，往往最後成就最大的人，通常是兄弟姊妹中表現最不起眼的那一個。這說明：天生的不平等，並不代表未來的競爭結果，透過努力可以超越別人。問題就在於願不願意改變，為自己設定目標。

除了設定目標之外，也別忽略了計畫的重要，因為人往往是健忘的，生活中有太多東西可以影響我們的意志，以及轉移我們的注意力，必須經常提醒自己，不要浪費太多時間在那些無意義的瑣事上，而偏離了你自己所設定的目標。

一個缺乏目標的人，經常容易處在茫茫然的狀態，這就像漫無目的逛街一樣，沒有事先列好清單，等回到家才發現買了一堆無用的東西，而你真正需要的卻一件也沒有買到。當你朝著自己的目標努力向前，將會發現所謂的「不公平」只是消極的思維，而樂觀積極的行動才是達成你所設定目標的最大力量。

掌握正確的訊息，不要道聽塗說，才能避免自己受誤導，而失去正確的判斷力

學習用不同的角度去看待一項事情，你才能還原整件事的真相。

著名的科學家愛因斯坦在年少時，有一天被父親叫住，父親告訴他一件最近發生的事情。原來父親跟鄰居傑克最近去清掃工廠的煙囪，煙囪必須踩著階梯才能爬上去。傑克走在父親前面，好不容易完成工作了，等他們一塊下來的時候，愛因斯坦的父親依然跟在鄰居傑克的後面。

他們鑽出煙囪之後，愛因斯坦的父親發現鄰居傑克全身灰頭土臉的，因此他就先行到附近的小河清洗乾淨自己的臉，然而鄰居沒有發現，只是在走下階梯後，看見愛因斯坦父親全身是乾淨的，就以為自己也一樣乾淨。

離開工廠前，鄰居傑克簡單洗個手，便大搖大擺地跑到街上喝酒去了。

結果，路上的人們都被他的模樣笑翻了，還以為他是瘋子呢！

不去探究事情背後的真相，卻憑著別人的三言兩語或是粗淺的印象而妄下結論，最後可能成為別人的笑柄，甚至可能被人玩弄於股掌之間。那些自以為聰明的人，其實都容易被頑固的觀念所迷惑，因為聽不進別人的勸告，總認為自己的看法才正確，最後自食苦果。然而沒有主見的人很容易受到周遭環境的影響，當某個人說得頭頭是道，就深信不疑，不去探究事情的真偽，最後只會淪為別人利用的工具，讓自己倒大楣。

因此當你發現這社會過於冷漠，忽然有個人熱情向你示好，就立刻向對方掏心掏肺，最後才發現對方別有居心。這種情況最常發生在街頭拉攏客戶的業務員或保險人員的身上，你以為對方真心想跟你交朋友嗎？其實對方只希望你掏腰包，買一堆你所不需要的商品，說穿了還是對別人有好處，對你卻是個損失。

一個迎面而來的笑臉背後可能隱藏著陷阱，雖然不能一言以蔽之，認為所有人的善意都是偽裝的，但是特別的熱情我們的確應該提高警覺。那些聽起來格外動聽的讚美、不需要花費心思就可得利的機會，都像包裹糖衣的毒藥，在你還沒品嚐之前，看起來都是那麼的美好。

尤其在大量的商業行銷之下，人們更容易受到潮流的影響，隨著人群的盲從而追隨流行，做出錯誤的判斷。

尤其現在資訊爆炸的時代，每天我們所見所聞都還來不及消化，就立刻又一堆新的訊息擠進來，容易導致我們失去正確的判斷力。那些每天出現在網路各種訊息，幾乎時時刻刻影響著人們，然而缺乏新聞自律的媒體，導致亂象叢生，充斥許多假新聞，因此我們更需要掌握正確的訊息，不要道聽塗說，接受來路不明的訊息，才能避免自己受到誤導，而失去正確的判斷力。

太多的強迫推銷都是抓準了人們恐慌的心理，因為他們知道人的情緒一旦被搧動起來，就很難以冷靜客觀的分析，做出最佳的選擇。在失去理智的當下，當然就是最好控制的時候了。

要能看清事物的真相，就必須學會從各個角度去觀察，別人的建議永遠當成參考，保留一些調整的空間給自己，並且尋找正確的管道去確認狀況，才不會傻傻被人利用，不僅造成誤會，還有可能給自己惹上麻煩。

天上沒有掉下來的禮物，想要怎麼樣收穫就要怎麼栽

所有在我們身邊發生的事情，都會跟過去有所連結，像自然界的食物鏈一樣環環相扣，前面的因導致後面的結果。光是怪環境、怪命運的捉弄，還不如看清自己究竟在過去犯了哪些錯，找出癥結所在，才有改善的機會。

現代人往往犯了一個思想上的錯誤，就是倒因為果，不去問現在能為將來做出什麼樣的努力，而是期望別人要先給予什麼樣的酬勞，才決定自己是否行動。這就好比我們應徵的時候通常會設定的工作重點，最好是錢多、事少、離家近，而不是一份工作能帶給自己怎樣的發展。

有一個同事年紀不小了，非常想嫁人，不斷參加婚友社、也有親友熱心介紹，但是始終就是遇不到合適的對象，就在她打算放棄相親，而接受公司

一個外派的工作。沒想到在異鄉居然結識了夢寐以求的對象，不到兩個月閃電結婚，跌破眾人的眼鏡。雖然她當初遠赴異鄉是為了工作，但是這個選擇卻意外改變了她的命運。

所以，你永遠無法知道未來會發生什麼樣的事，但是當下的決定卻有絕對性的影響。因此在每一次的選擇都需要格外謹慎，尤其事關前途的問題。

在伊索寓言中，一個故事描述有個人來到森林，請求老橡樹給他一根木頭做斧柄。老橡樹答應了他的請求，把自己身上的一根樹枝給了那個人。那個人運用小樹枝做成了斧柄，製成了斧頭，接著掄起斧頭砍起樹來。那個人很快就砍倒了森林中最有價值的樹木，然後樹木一棵接著一棵，不停砍伐。

老橡樹非常悲傷，它看著同伴被砍倒卻無能為力，於是對著身旁的柏樹感慨說道：「是我們自己先葬送了自己，如果我不給那個人樹枝，他就無法砍伐我們，也許我們還能永久矗立在此。」

人最大的悲哀也不過如此，常不小心拿石頭砸自己的腳，那些錯誤的抉擇就是一個引發悲劇的開始，等發現問題嚴重了，要亡羊補牢已經來不及了。

我們會去從事某項工作，愛上某種人，都是跟性格有關，因此你也可以說是個性造成命運，因此有形形色色的人是你無法想像的，但是成功與失敗卻是發生在同樣一個世界中。

真實世界沒有「天上掉下來的禮物」，只有透過努力換來的回饋，才能真正滿足自己，沒有一顆果實是憑空出現的，想要怎麼樣的收穫就要怎麼栽。唯有一點可以肯定，就是當種子落地的當下，就決定了未來是什麼樣的植物，不可能芭樂籽長出芒果，蘋果樹也不會結出橘子來。

那麼，把種子當成你踏出的第一步，就是一個關鍵性的影響，每做出一個決定就像你在生命中播出的一顆種子，未來在果園裡結出什麼樣的果實就靠自己努力灌溉栽培了。

任何一個決定都可能改變你的一生，當你做出抉擇之前，必須先想一想，少犯一些錯誤，才能在未來擁有更多的希望。

承認自己的不完美，就能正視自己的缺陷

柏拉圖：「欺騙自己比什麼都壞，因為在這種情況下，騙子總是和受騙者在一起。」一個人能騙了全世界，但是卻無法騙過自己，即使試圖用幻想來欺瞞自己，終究難以逃過良心的譴責。

我們最常接觸到的騙子應該就屬某些公眾人物了，因為他們塑造出來的「完美」形象實在是毫無瑕疵到了極點，你很難去想像，世界上會有這麼完美的人。但是偏偏群眾就吃那一套，依然有人深信不疑，把那些人奉為偶像。但事實呢？做人做得最痛苦的應該也是那些偶像型的人物吧！

說穿了，偶像的形象就像是貼在牆壁上的標語，只是擬人化而已。因為他們必須遵循著那些「完美教條」，隨時保持最佳的體態，出門時必須打扮

到一絲不苟，即使討厭一件事情也必須強裝笑臉，保持形象。他們必須壓抑內心的渴望，無法表達自己真正的需求。好像連放屁、打哈欠、抓癢這些平常人做的事，都不能發生在他們身上一樣。

因為有一個形象去控制他們的行為，他們必須像「明星」，不能像普通人一樣做想做的任何事情，因此內心壓抑再壓抑，通常最後這類「偶像」都難脫憂鬱症的困擾。因為他們要擔心的事，實在比一般人大過許多，而且他們扭曲了自己真正的性格，更是他們不快樂的主因。

之前有一位女明星的緋聞，明明是背叛了家庭，卻又用一堆靈修的鬼話連篇來為自己粉飾太平，說穿了就是為了「形象」，無論如何不能承認自己是錯的，最好全世界的人都錯了，但是錯卻不能在於她。或許她籠絡了某些粉絲的心，但是卻沒有人能替她承擔結果。

然而她本身不會懊惱嗎？那恐怕只有天知地知自己的心裡最清楚，但是卻得為了形象睜眼說瞎話，對自己的傷害恐怕更是加倍。不懂得懺悔的人，永遠無法從痛苦中逃脫，不肯承認錯誤，就無法獲得原諒，這是謊言必須承擔的後果。

即使欺騙了全世界也無法騙過自己，世上當然有逃過法律制裁的罪犯，但是他們不會感到僥倖的快樂，而是永遠背負著內心的譴責。

唯有真實面對自己，才能坦然面對一切。你才能修正自己的缺點，讓人生有所成長，而你所做的一切努力才會得到應有的回報。不斷欺騙別人，想利用更多的謊言來圓謊的同時，思想也會因此走偏，難以專注在理想之上。

當然這世界是充斥著謊言的，但要能分辨什麼是善意的謊言或惡意的謊言，當你因為怕傷害他人而說出言不由衷的話，這不算是欺騙而是抱持著善意的，你不必對自己找任何藉口，這時心中是坦蕩蕩的。但是當謊言是為了利益、未達目的不擇手段時，那麼最後將自食惡果。

沒有人是完美的，只有接受不完美，才能走向盡善盡美的地步。承認自己的不完美，就能正視自己的缺陷，瞭解到自己還有改善的空間，這是對自己的一種誠實，而不是懦弱。

真正的勇氣是願意承認錯誤，而且願意改變，而不是滿嘴胡說八道來掩飾內心的脆弱。當你瞭解說謊之後的代價，就能預防這樣的事情發生，在行事之前更加小心謹慎，所犯的錯誤自然也會減少。

做自己永遠比活在他人的眼光來得重要，因為所有的後果都必須自己承擔，因此誠實面對自己的人生，你想要過哪一種生活由你來決定，幸福自然就近在眼前。

生活單純化後，就能把時間運用在更有意義的行動上

我們常常會忘了「必需品」與「奢侈品」的不同，會因為那些我們平常用不到的奢侈品，而耗費許多金錢與精力去取得，卻把人生的「必需」給忽略了。因此擁有一堆華而不實的物品，卻失去了真正的幸福。

在田野裡，有一隻公雞和母雞們一起尋找食物，無意間啄到了一塊寶玉。公雞很失望的對著那塊寶玉說：「假如是你的主人找到你，他一定會非常開心把你撿起來；可惜的是，我是一隻公雞，對我來說，你一無是處。與其得到世界上最珍貴的寶玉，還不如得到一粒麥子來得有用。」

在單純的動物世界裡，反而能分辨知道自己要什麼，而什麼才是廢物，即使是舉世珍寶，對他們而言依然一點價值也沒有。這也是上天一種奇妙的

安排，讓物種們各取所需，各自在不同的世界裡持續繁衍。

但我們人類卻因為思想的複雜，常替自己創造了一些莫名其妙又可笑的邏輯。譬如是：「物以稀為貴」、「越是美麗的東西越難得」商人將亮晶晶的鑽石切割成閃亮的飾品，然後以天價賣出，軟體公司告訴你不用出門與人交際來往，來到遊戲的世界裡就能體會更多玩樂的趣味，然而你真的需要那些東西嗎？它能給你的人生帶來什麼呢？智慧？成功？或是永難忘懷的美好經驗呢？

當你老的時候，要告訴你的子孫，自己曾經擁有一顆閃亮亮的鑽石呢？還是曾經在魔獸遊戲中稱霸一方呀？

我們變得什麼都想要，而且吸引目光的商品也不斷地推陳出新，新奇的東西是永遠添購不完的。在追求欲望的滿足之下，人們反而忽略了真正有實質意義的東西。這就像我在國外時常跟朋友聊到的一個笑話：一位打扮得非常時尚有型的男人，有一天他染了一頭很時髦的頭髮，在大夥的讚美聲過後，他卻紅著臉開口向人借錢要買洗髮精。

有些東西是可有可無的，但是我們卻花了太多時間和精力去得到它，貪

圖一時的感官刺激，而讓美好的事物從指尖溜走。

美好與醜陋，其實不過是短暫的視覺享受，唯有本質才是永恆的。很多剛踏入職場的年輕人，會夢想著在一間裝潢得富麗堂皇的公司工作，金碧輝煌的大廳、明亮的辦公空間、還有磨得皮鞋「嘎滋嘎滋」響的大理石地板，但這一切只是虛幻的，你無法將它帶走，也不能把它搬到自己家裡去。因為你可以從職場中帶走的，就是你的工作歷練與學得的本事。

拿感情來說吧！那些俊男美女身邊永遠不乏追求者，但是人終會蒼老，當姿色不在的時候，還留下什麼？盲目跟著一堆人去追求外表的美貌，那也跟浪費生命在不需要的事情上頭沒有兩樣。

只有在個性、興趣相契合才是兩人相處最美好的地方，不去著重在內心的契合，一味追求虛榮的外表，往往會讓人忽略了最適合的人，那個真正能為你帶來愉悅生活的心靈伴侶。

蘇格拉底說：「幸福的祕密不在尋求更多，而是培養出享受更少的能力。」日本中道極簡主義者佐佐木典士在他的著作中也表示：「身邊物品愈少，人生愈幸福。因為我們再也不需要物品填滿我們的人生。」真正能夠讓你的生命有所成長的事物才是你所需要的，才是你應該添購的東西，當你將生活的一切所需慢慢地單純化、實用化之後，你將會發現省下的那些時間與金錢，可以運用在更有意義的行動上，為你的生活帶來更大的富足。

CHAPTER 04

真誠善良的朋友，
就是製造快樂的重要元素

交朋友不可以貌取人，也不要以身份地位來區分

當你有苦悶、委屈時，是不是第一個就想找朋友吐苦水呢？

在現今這個繁忙的社會型態，要能找到一個有時間聽你訴苦的人實在渺茫，尤其是每個人都有一大堆煩惱的事了，哪還有心情當別人的情緒垃圾桶。

於是，那些可能讓你大吐為快的對象，無非就是必須計時付費的心理醫生或算命師了。有時想想，這好像是現代人的悲哀，就連要找一個談天或傾訴的對象都不容易呀！

這讓我想起了我剛認識的一位朋友，他就很特別。

剛開始，和這個朋友曾有過的接觸，只是像一般朋友一樣的寒暄，他是

幫鄰居整理花圃的一位園丁。

之後，每每經過，對於他過度熱情的打招呼方式只覺得想逃，好像自己出入的隱私全在他的注視之下，感到極不舒服，好幾次都想默不作聲地低頭快步走過，不想理會他的招呼。

但是人偶爾還是會有情緒低落的時候，我忘記了那一陣子是為什麼事情而煩心，於是就常走到花圃附近散散心，有時就隨便找個地方坐了下來，這時那個熱心過度的園丁就會走向我。

我本想板起臉來，表示我想一個人靜一靜的決心，卻已經來不及了。

「我昨天晚上回來的時候有看到妳，妳經過那家雜貨店前面是不是？穿了一件白色上衣和咖啡色的小喇叭褲！」

他的觀察真是入微，引起我的好奇心，我不禁抬頭注視著他，點了點頭，看他一副興致盎然繼續說下去。

「哎呀！妳知道嗎？我騎著摩托車，遠遠就看見一位美麗的小姐，我立刻煞車，減慢速度想瞧個仔細，結果就近一看，竟然是妳！那一天妳真是漂亮呀，我猜一定有很多男生追妳，看妳條件這麼好……」

他邊說邊做動作，害我都忍不住被逗笑了。

這時我們共同認識的一位鄰居也正好路過，加入我們之間的談話，他又把昨晚的事向這位鄰居形容一遍。

有哪個女人不喜歡被吹捧呢？他說的話讓我一下子把憂慮的心事全拋諸腦後了。我很訝異他就是有逗人開心的本領，連另一位鄰居也贊同我的看法。

「他的樂天讓每個靠近的人，都禁不住笑了出來。」朋友說。

原本覺得他只是個不起眼的人，沒想到卻有著讓人驚喜的一面，他就是有辦法讓人開心。

他看事情就是只會往好的方面去看，在他眼裡好像沒有醜惡面，他從來不抱怨。在他面前，我總是會被他說的話，逗得大笑，我變得越來越愛和這個朋友接近了。

心情愉快，找他分享；哪天煩悶，讓他的樂觀化解我的苦悶，偶而還可以開導我。真的，他好像一株忘憂草，最佳的情緒治療師。他說出的永遠是好話，令人愉悅的事情，但是沒有一絲諂媚。

有這麼一位益友，我哪還需要心理醫師呢？

我很慶幸，自己差一點就遺漏了這麼一位朋友，有時在交友的過程，毋需太主觀，如果先替別人設了一道牆，就很難看見別人的優點，這樣反而造成自己的損失。

我們常忘了人的本質，而慣於用身分、地位等表象去斷定別人，這真是犯了一個很大的錯誤啊！

與其羨慕別人，不如讓自己也成為別人嫉妒的對象

只要珍惜現有的生活，就值得成為別人豔羨的目標。

一般的認知，「嫉妒」似乎是一種負面的情緒，當我們得不到想要的東西時，看別人的眼光充滿嫉妒；相愛的兩人之間，也時時會出現這種情緒。除了愛情之外，想想我們對人生的追求，有時候還得需要一些刺激才能成長。

當我們看著那些能引起我們嫉妒的對象時，不也正代表著這個人有一些值得我們羨慕的地方。你寧可一輩子都活在羨慕別人的陰影下，還是轉換角色，讓自己成為令人羨慕的角色？

就讓自己成為別人嫉妒的對象吧！朝這個計畫邁進，你會發現另一片天

地，一塊幸福的園地。這不是誰都可以做到的。

我們要做得讓人家羨慕又嫉妒，同時也要鼓舞每個人凡事往正面看的人生觀。

也許一個在別人眼中成功的人物，其實費盡了千辛萬苦，或是他生活的背後有不為人知的心酸，但是他終究是成功了。為什麼？

就是他散發出一股正面的價值觀，足以鼓舞他人，成為令人仿效的對象。其實每個人都可以做得很好，只看你有沒有把優點發揮出來罷了！

要成為令人稱羡的人，首先就是要肯定自己。

像我有時候，也會為自己這麼不定時工作，和收入的不固定而煩惱。當提到中國人常講的「前途」問題時，唉！我經常覺得前途渺茫呢！

一次，那位當公務員的表哥，他很想出國自助旅行到他夢寐以求的國度，卻偏偏那裡的天氣配合不上他寒暑假時間，讓他遲遲無法動身。當他看著我正回國像聖誕老人一般四處分送禮物時，表哥很感慨地說：「真羨慕妳可以自由自在。」

起初，他的話我並不同意，我回話說：「但是你有固定收入呀，老年還有退休金。我比起你差得遠呢！」

「不必每天上下班，被定在同一個地方，真好。」這竟然成為他羨慕我的最佳理由。

一直以為自己的生活很不穩定，沒想到我也有聽到別人羨慕我這種工作帶來的自由。

應該說，每個人心中都有不滿足的一部分，我們渴望生活穩定，又不願被工作綁住，但事實就是「魚與熊掌」不可兼得。

無論我們站在何種工作崗位上，其實都有好的和不如意的一面，聰明的人會盡量往好的一面去看，滿足於現有的生活，就能讓自己成為幸福人物。

只要珍惜現有的生活，就值得成為別人豔羨的目標。別問為何達不到與別人同樣的生活，回過頭來省視一下，自己也或多或少有讓別人羨慕的特點，只是自己不在意罷了，因此要懂得滿足現狀，想想自己何其幸運能擁有目前的一切。

相信你可以過得很好，而且努力讓自己過得更好，與其羨慕別人，不如讓自己也成為別人嫉妒的對象吧！你的人生將過得越來越如意。

把愛情看得太重的人，終究要掉進失敗的陷阱裡

有人說：「愛情像毒藥」又像「多刺的玫瑰」。許多偉大的愛情史詩歌頌的，都是一些殘酷悲慘的愛情故事。小時候讀過「羅密歐與茱麗葉」，覺得愛情應該就要像那樣令人痛徹心扉才行，然而現實世界呢？

我們都不是戲劇中的男女主角，我們生活在現實的世界裡，那些唯美悲劇的情愛只是滿足人們一時的幻想罷了。過了多年我才明白，愛情不是理想，更不是夢想，它不過是人生的一個過程，一個美好的過程足以讓我們因此開創新的人生里程罷了。

把愛情看得太重的人，終究要掉進失敗的陷阱裡。

當然，愛的感覺讓人興奮、不安，像吃了嗎啡一般不可自拔，為了對愛

情的各種憧憬，而讓自己身陷泥沼，但是那通常都是自己被愛沖昏頭，雙眼被矇蔽而看不清眼前的真相。

有些人又特別容易愛上有點壞壞的對象，像充滿誘惑的惡魔，特別容易引人墮入愛情陷阱。仔細分析，那是愛情的本質，卻不是幸福的本質。一旦被壞壞的對象所吸引了，不是天天以淚洗面，就是吃盡苦頭。

看那些花花公子如何把女人玩弄於股掌之間，他們一點也不在意誰離他而去，因為他手中的王牌還有許多，卻可憐了那些愛他的女人們，明知自己不是唯一，卻寧可苦苦守候，希望對方有回頭的一天。

花心的人是自私的，他們永遠只為自己打算，別人都是他手中的棋子，他只是利用對方並且以操控別人的生活為樂。不只是男性如此，精於利用愛情的女人也大有人在，把示好的男人當作工具人般利用著。

我有個朋友A愛上了一個女孩，但對方卻是好友的女朋友。

這位朋友A因為個性比較內斂、正派，很少對女性主動表示好感，經常一起出門的也都是一票哥兒們，他和這位死黨根本是形影不離。一年前，他知道這位朋友交了一位女友，那女孩開朗大方，也不介意和男友的朋友大夥一塊出門玩，漸漸地，A與女孩有了頻繁的接觸。

朋友之間日久生情，A竟然慢慢地對好友起了嫉妒心，那女孩也很厲害，看出了朋友A對她的情意，她有意無意在A面前抱怨他的男朋友不夠體貼，甚至瞞著男友私下與A相約見面出遊。

朋友A動了真感情，然而那女孩根本不願意和男朋友分手，只是大玩腳踏兩條船的遊戲，讓我這位朋友A深陷苦惱當中。他不願放棄這份感情，卻又對自己的死黨懷著愧疚之情，深怕有一天東窗事發，他會失去一個好友。

這樣的故事不是唯一。但是為了一份愛情，一個玩弄愛情的對象，你把自己的生活推向混亂的世界，值得嗎？

如果你發現自己犯了錯，就要及早回頭，愛情也一樣，別讓愛情成為原罪，壞了你原本良好的人際關係，那樣的愛情是不會得到祝福的。

選擇朋友最重要的，還是以「善良」的個性為出發點吧！

現在一翻開社會新聞，被朋友出賣、被詐騙的案例比比皆是，讓人害怕得不知道該相信誰才好，就算認識了十多年的老友，也難保有一天會反咬你一口。但是如果因為這樣，我們都要六親不認，足不出戶了嗎？。

就連我們的孔老夫子都說，交朋友很重要，朋友是一生的資產。你要如何去掌握這樣的資產，選擇朋友這件事便成為很重要的關鍵。

我們認識的朋友，大部分都是從唸書、工作時期接觸而來的，常常你必須和某個人接觸，然而礙於環境因素，你並不是很瞭解這個人，或是其實個性不是很合得來，但你還是會把這樣的人視為朋友，特別是雙方有共同利益存在的時候。

或許是太忙或是懶於主動和人群接觸，我們周遭的朋友不一定都是自己所選擇，而是因為工作或就學的環境所促成。

經常有人抱怨說：「為什麼我的朋友都那麼現實，我都交不到好朋友。」很多時候，是不是應該反問自己，你是否有真心去尋覓過「真正的好友」？

人會變，環境也會跟著改變，有些我們視為好友的同學，歷經時間的考驗與環境的改變，也許他們已經不是當初我們所認識的那個人了，因此與朋友之間的感情也日漸疏遠。

我們不免在心裡會有些感慨，但是你也只能將其歸咎於朋友的緣分淡了而看開些。重點是，你有沒有從友誼中學到經驗，知道哪一種人才是你真正能放心深交的好朋友。

要能交到志同道合的好友，甚至彼此成為知己，能夠相互扶持成長，最要緊的是你有沒有看清自己。你的個性是激進或懶散，你欣賞哪一種性格的特質，這樣的特質在你身上又有多大的比例？

譬如，你是個事業心重，積極開創工作生涯的人，可能你選擇的朋友也都是企圖心強，能與你在工作上相互交流、共創利益的。假使你偏偏結交一些整天雲遊四海，覺得錢夠用了就好，懶散度日的朋友，可能就會覺得彼此老是話不投機半句多了。

如果你是個天真而單純的人，多接近和你同樣天性的人，可能要比那些無時無刻想著怎麼利用別人，登上高峰的朋友舒服多了。

感情是不能勉強，放在朋友之間也是一樣。當然性格互補的朋友，能讓我們看到自己的盲點，讓生活更平衡，但也得注意朋友是不是真心與我們相契合。

我們當然不希望，經常和朋友意見不合，發生衝突，明明是快樂的聚會，卻會因為一言不合而不歡而散。

因此我們要選擇和我們個性相似的朋友，彼此有相同的觀念，遠比外在的身分、財富地位更為重要。若是你真的不知道該選擇什麼樣的朋友，那麼還是以「善良」的個性為選擇的出發點吧！

朋友是開啟我們另一個世界的視窗

「想在複雜的社會中保有單純的自己，適度地保護自己，在朋友關係的拿捏上就格外要慎重。」

要和所有朋友維持良好的友誼，最好是依程度劃分成不同的同心圓，由近而遠，依照彼此的互動關係來決定遠近。

因為人際互動的頻繁，會讓我們覺得，認識的人很多，但真正能稱得上是朋友的卻沒有幾個。而「朋友」和「認識」的人界限怎麼區分呢？可能因為往來的交集頻繁而模糊了界線，那些和我們生活上息息相關的朋友，可能包括工作上的同事、同學、朋友的朋友，還有因共同興趣而結交的友人……

這些人在我們生活周遭或多或少都有一些來往，有些認識不深或是與我們個性並不相投，卻因著現實上的利益或是環境因素必須有所往來，為了釐清關係或是為了不得罪這些朋友，替自己畫上人際關係圖的同心圓，才能釐清朋友的分際，把朋友們放置在對的位置上就很重要。

我們經常會犯這樣的錯誤，就是很容易把常在工作上接觸的同事，誤認為是知己般，心事傾囊相訴，到後來卻是替自己惹來麻煩。

並非所有人都能那麼瞭解你，彼此對友誼認知上的差距，經常會帶來許多的不便和誤解。「對什麼樣的人說什麼話」放在面對不同交情的朋友也一樣，必須依照交情深淺來決定你的態度。

想在複雜的社會中保有單純的自己，同時又能適度保護自己，在朋友關係的拿捏就要格外慎重。

每個人的天性都是不可替換的，就像有時候我們看不順眼的人，他們還是有許多的朋友，只不過那群人並不在我們的生活圈裡罷了。

「朋友是開啟我們另一個世界的視窗。」這句話形容得一點也沒錯，只是這扇視窗有時只是路過，並不是停駐的地方。

我們常會透過一些不怎麼有交情的朋友而間接認識到知心友人，這種意外經常發生。我們也可能被知己背叛，驀然發現真正關心我們的人竟是我們平常不甚在意的對象。因此友誼是需要考驗的，時間就是最好的證明。

像我的知己朋友，有一次我們談起彼此相識的經過，都覺得有趣。因為我們既不是同事，也不是同學，若勉強湊出個共通點，可能是我們對事物的認同感和喜歡作夢罷了。而我們認識的起源，竟然是因為以前一位惡劣的房東。

這個好友前來租場地拍照，剛好她過來時房東不在，我代為開門，兩個人一見如故，當然那位嗜錢如命的房東也在我們討論的範圍內。後來我搬離那個地方，這位朋友對我表現得相當關心。

另一個拉近我們距離的，應當是我們都屬於「夜貓子」型的人，雖然我的工作在白天，她在晚上，但不妨礙我們對熬過夜晚看黎明破曉的共同喜好。

那時候年輕，我總是考驗著自己一天睡不到三小時的功力。

她是我人際關係同心圓裡的核心，我們非常要好，一直到她遠嫁國外，這份友誼依然在我的心中珍藏著。

人的一生中難得遇上幾個知己，當然我們以真心待人，但別急著對每個朋友都掏心掏肺；以知心相待，有時對方不領情，還落得負面的印象。

因此認清自己是最重要的，看清楚你是怎樣的人，才知道該把什麼樣的朋友放在哪一層同心圓裡，然而同心圓的中心永遠是你自己。

善於處理朋友之間的距離，除了可以讓你處世更圓融外，也不會因為過分要求，而壞了朋友之間的情誼。最後，珍惜每一段你的友誼吧！

和人相處要謹言慎行，與其事後懊悔嘴快惹事，不如先多多傾聽

人際關係的殺手之一常常來自於一句無心的話，或是太過多嘴。古人常說：「沈默是金。」用在維持良好的人際關係上更是重要。

我們常犯了一個毛病是，話說得太快，往往不經過大腦，一股腦兒把話全說完，然後下一刻馬上後悔了，但很多情況往往讓我們沒有後悔的餘地。

想法放在我們的心中，只要還沒說、還沒做，就沒有人會知道，也就不成事實，就怕我們太衝動，那些還不確定的意見太快就脫口而出。

人往往在情緒衝動之下，最容易犯上這個錯誤。

與其事後懊悔，不如學著閉緊嘴巴，特別在我們想大抒特抒的時候。雖然有時我們明知自己在說氣話，那些話並不能真正代表心中的意思，但是我

們卻不能期待每個人都像肚裡的蛔蟲一般瞭解自己，也別冀望每個人都擁有足夠的度量去包容那些無心之過。

最好的辦法還是別衝動行事，尤其在關鍵問題上。

例如一些種族、宗教、黨派或國家的議題上面。

有自助旅行經驗的人都知道，有些國家的人民硬是對另一個國家的人民有成見，而不問其個人的人格，雖然很可悲，但卻也很無奈。對於這樣固執不通的事情，你只好以沈默帶過，千萬別在別人的國度裡，當著當地人的面前批評或汙蔑他們的國家人民，外國多數人是把國格看得比什麼都重要。

如果意見上不合，可以就事論事，就怕沒有解決爭執的問題，反而籠統的把政治問題、祖宗八代全都扯上，那問題就鬧大了。

古人說：「禍從口出。」可見一張嘴講出的話，可以造成多大的影響。有人會覺得，我話不說出來會覺得很難過，不妨先暫停一下，要脫口而出之前先用幾分鐘的時間思考一下所說出來的話可能會造成的後果，也許你可以挑選更適當的時機，或是更適當的字眼來表達，讓別人能夠更容易接受，不致造成衝突，豈不更好。

在我們無法確定自己真正的想法之下，還是把嘴巴閉緊，把想法關在腦子裡，就沒有人知道你是怎麼想的，可是一旦說出口，那就覆水難收了。

還有一種情況，就是先前提到的；太多嘴壞事。

很多人太多嘴，喜歡把自己看到的或是聽到的事情告訴別人，又愛在後頭附上一句，提醒說：「我只告訴你一個人，千萬別告訴別人。」

通常這樣的演變結果，一定是傳得人盡皆知，搞不好最後被發現放話的人是你，然後搞得和當事人關係惡劣。

如果你害怕別人把話傳出去，那當初為什麼又要找人抱怨呢？

我們可以和別人分享心事、生活經驗，但別落入把東家長西家短當成「分享話題」，除了容易造成事端之外，別人也可能把你列入「長舌」之流，對你敬而遠之。那麼，也只會讓自己的人際關係變得更差而已。

所以，珍惜你所講出的每句話，讓它成為積極正面，或是讓別人開心、覺得溫暖的話語，不是更好嗎？何必非得要跟自己過不去呢？

學會體諒別人，關心他人，能為你贏得真心的友誼

有一回和朋友聚餐，席間兩個朋友因為某件事情起了衝突，兩人互不相讓，搞得場面尷尬極了，而我們這次難得的聚首也在這種喧鬧的情況下草草結束。事後，每個人心裡頭多少都有點嘔，我們共同的抱怨是：「為什麼這兩個人不能多在乎別人一點呢？」

其實就像這樣，不只是我們所抱怨的對象，包括我們自己都經常犯了沒有站在別人立場去想的毛病。我們以為自己夠聰明、可以處理自己的事情，就不管旁人的感受，認為那是真性情的表現。

有幾回，看到娛樂新聞裡，有些明星對於說話得罪了人，還為澄清自己

「是說話太直了，因為自己是坦白的個性。」

如果要稱得上是個真誠的人，應該是要更會替人著想才對吧！

我們不能把傷害了別人的表現，解釋為個性「坦率」，或是直來直往的性情。多學著關心別人，才是從經驗中得到學習。

有些人，毫無顧忌地在一群人面前指出別人的失誤，嚴重打擊到別人的自尊，還自鳴得意，這就是自私的行徑。它不會為你帶來更多的認同，只會讓人對你避之唯恐不及，因為深怕自己一不小心會被掃到颱風尾，這樣的人際關係無疑是失敗的。

又如不能考慮到別人的處境，朋友也會離你而去。

有一次同學會上，大家談起某位同學的遭遇；這位女孩以前是出了名的校花，卻因為選錯了對象，遭受婚姻暴力，散盡身家才脫離那位魔鬼似的丈夫，聽說她目前的境況十分悽慘。

同學一聽，大部分人都是沈默以對很感慨，正在心裡盤算如何給這位同學安慰時，此時卻有個男生大發厥詞，認為這位「校花」是自作自受。

「她以為她漂亮嘛！像個花蝴蝶一樣，現在自食其果了吧！」

當場聽了教人難受，幸好那位女同學不在場，要不然不知道會有什麼後果。不過，後來同學們私下都非常厭惡那位男生的說法，散會後，也不會有人想再主動聯絡他了，我們決定下一回同學會不再邀他出席。

自私的人會讓人退避三舍，就算是合作生意，你也一定不會想到他，更何況是當一輩子的朋友相處，不會有人想和自私的人交上朋友的。

不懂得為人著想的人，也不會懂得與人分享的道理，他與人相處的模式，永遠是別人該接受他的一切。好像每個人都得以他為中心，受到大家的討厭還不自知。

誰不希望自己是受人喜愛的，每個人都歡迎你，願意見到你。學會體諒別人，關心他人，能為你贏得真心的友誼，人際關係也會更穩健和踏實。

人只要有信用，朋友就會越來越多

我們常發現，我們生活的這個社會裡，充滿著各式各樣的流言。當你成功時，那些嫉妒你的人開始放話，希望藉此攻擊你。當你的利益和別人產生衝突時，有心人更會造謠，希望能打擊你。

謠言是不切實際的東西，但卻是一種無形的殺手，一旦有人相信、繪聲繪影，就會給人「無風不起浪」的印象，原本沒的事，卻加諸莫名的罪名在你頭上。因為這個社會的人與人之間本來就是疏離的，沒有人知道事情的真相，也沒有機會去看清楚事實，我們對事物的認知多半是聽來的，都是藉由媒體傳播而來的。

你要如何應付那些迎面而來的傳言，不讓流言影響你正常的生活，就有賴平日做人的功夫了。

我記得自己經常在旅行時，認識一些朋友，回到家後，還得花上很多時間整理一堆e-mail和地址、電話。

但是，一星期、兩星期、一個月甚至一年過後，那些原本聊得熱絡，說好要保持聯絡的人，卻連一封e-mail也沒有。這是常有的事。當你經常旅行之後，也就見怪不怪了。那些真的會發封信過來的人，往往日後真的會保持持續聯絡，成為長久的朋友。

有時候，不免望著那一堆雜亂的便條紙發呆。為什麼這些人說得好像是真的一樣，到頭來都是同個樣，人對於自己說過的話那麼容易就忘，大家都在演戲還是幹嘛？

朋友說我太認真了，一個和你生活毫無關連的人，為什麼要信守隨意說出的承諾。

如果人對於自己說過的話輕易就忘，那麼做過的事是不是也一樣，那麼那些流言怎麼不會是真的？即使當事者拚命地否認。當一個人對一點小事都能守信用時，那些認識過他的人，會去相信有關他的傳言嗎？

出國之前，樓下一名管理員答應要幫我修理水管，幾次上上下下他都提醒我這件事，終於，我有了空閒請他到家來，把漏水的問題解決了之後，我想給他一些錢作為答謝，卻都被他拒絕了。

「我答應過要幫忙的，怎麼能收妳的錢呢？」他說。

等我出國回來，聽說他已經離職了。令我訝異的是他離職的原因，傳說是和貪汙大廈的管理費有關。

從此我沒有再見到這位先生，但是不管別人怎麼說，我始終不相信他會做出這種事情。後來證實，原來是他和大廈的另一位管理委員不合，才會背了這個黑鍋，被掃地出門。但是他的人格卻不容汙蔑。因為，他是一個遵守信用的人。

同樣地，如果在旅行中遇到一位朋友，他願意日後和你聯絡，你也會相信他是值得相交的朋友，即使你聽到背後的傳言，也多半聽聽就算了，不會認真去相信。畢竟人只要有信用，朋友就會越來越多。

越是親近的人，我們越是要用心對待

鄰居一位單身女孩到鄉下一趟，回來後氣呼呼向我表示：「以後再也不去住兄弟的家了。」

原來她打算到弟弟的家裡度假，卻受了一肚子氣回來。

我問她為什麼？

她緩緩提到以前感情很好的兄弟姊妹，自從弟弟訂了婚之後，一切開始轉變，而她把兄弟的住處當度假小屋的情況也不再延續，代之而起的是，她感覺自己被排拒在外，有一種寄人籬下的感覺。

「每當弟弟和女朋友出門把我一個人留下，又不時冷嘲熱諷，好像我白吃白住的感覺，讓我的自尊心大受傷害，連一個外人都不可能對我說出的難聽話，沒想到竟然出自最親近的兄弟口中，怎樣都很難承受啊！」她說。

我很能體會她的感覺，那就好像遭受親人背叛一般。

我們對於陌生人的挑釁會毫不猶豫加以反擊，然而經常讓我們最受傷的，卻是最親密的人講出來的話。以前，我也有過被知己朋友言語刺傷的經驗。

只是有些感慨地覺得，為什麼對最親近的人，我們反而會忽略對方的感受，而不加思索地做出傷害對方的事，反而對外人卻客氣有加，格外注意自己的態度。這不是有些內外顛倒了嗎？

我們以為，和親人、好友，包括另一半的關係已經那麼熟了，做什麼、或說什麼都不經大腦，即便做錯了也無所謂，反正對方都能諒解。其實這樣的觀念才是大錯特錯。

每一個人都是獨立的個體，沒有人需要無條件承受他人的無理取鬧或是偏激的行為，任對方是誰都一樣。

同樣回想起來，如果這樣的事情發生在自己身上，你是否也會心裡嚴重受傷，覺得對方不再關心我、疼愛我了呢？

很多的親密關係，就是毀在這種不經意的對待上。

越親密的人，我們更要謹慎，花更多的心思去瞭解和對待。因為一份感情的培養不容易，而血緣的關係更是難得的緣分。

抱持著珍惜的心，反而要比對外人更客氣一點。如果連身邊最親的人都受不了你，離你而去，就沒有人能真正進入你的生活核心，因為你總是會把親近的人逼得出走。

只有我們的親人好友才會對我們說真話，真正的朋友會幫我們看到自己真實的一面，這些不是你所奮鬥出來的名與利所能遮掩的。

在追求物質的過程中，你是否遺忘了那些利益交換不來的珍貴感情，把情緒發洩在無辜的親人身上，卻對你的敵人萬分禮遇。

距離會讓我們忘了應有的分寸，這是每個人都會犯的毛病。那我們還不謹慎起來，時時提醒自己，對身旁的人也別忘了要有尊重的態度。

保持樂觀的心境，常常提醒自己：「幸好！幸好！」

凡事走到谷底，你全數都輸掉了，還有什麼怕失去的？沒有人再能從你身上取走任東西時，還有什麼好怕的？至少你還擁有希望，擁有自己。

你可曾有對了幾百張發票，卻全數落空的經驗？那時的你一定發了誓不再收集發票。但是下一次呢，眼看一張張發票落入你的手裡，又變得捨不得丟棄，於是又收集了一抽屜的小紙條，那種期待的心情又在心底的角落悄悄的滋生……

阿標從來就不是個賭徒，除了偶而在麻將桌應酬摸兩圈之外，他大部分時間都是個正正當當的生意人。

第一次當上老闆的他，萬萬想不到公司才開張不到半個月，就傳來進口的大批貨品隨著沉船的意外付之一炬。原本做生意的資金就是好不容易東拼西湊而來的，他手頭上僅有的資金加上貸款，還不夠支付這個沉重代價的一半，想自立門戶的夢想就這麼化為幻影了。既然如此，他只好重拾伙計的飯碗，擠入清晨轟轟的機車陣群中，為還清債務而打拼著。

或許就是這麼流年不利，他工作的公司不久之後也面臨危機，老闆跑路，丟下員工的薪資欠款不還。這下子阿標可真是受到了重挫，一連串的不順，眼看口袋裡只剩下不到兩百塊的零錢。

他連哭也哭不出來。吃了一餐不知道下一餐在哪裡，他漫無目的地在街上閒晃，怕回到家得面對房東討房租的嘴臉，他已經連續兩個月沒繳房租了。走過一條街，他意外遇見了以前同學阿砲，聽說他最近在做六合彩組頭。

「哎呀！你遇到我可是出運了！」阿砲在聽完阿標吐完苦水之後，大方拍著他的肩。

阿標一時還會意不過來。

「就是來簽支六合彩呀！這錢又好賺，而且我是組頭有內線消息，包準你安啦！你看起來那麼有福氣，還怕什麼？」這一番話說動了阿標。

他抓緊了那妄想發財的唯一希望，賣掉祖傳的那顆戒指。現在除了希望，他一無所有。

但奇怪的是，他現在反而變得更有活力，整天精神奕奕，為的就是期待著好運的降臨。

好運真的降臨了嗎？其實什麼也沒有。除了他輸光一身的財產之外，還看到了那個比他還慘，正忙著偷渡到大陸的阿砲。但是，這時卻傳來另一個好消息，就是在他昔日合夥人的引薦下，有人願意援助他的專業，出資讓他經營一家公司。

相不相信，一個人的精神會影響命運？也許不是一般人都有阿標這種「奇遇」。但是凡事走到谷底，你全數都輸掉了，還有什麼怕失去的？沒有人再能從你身上取走任何東西，還有什麼好怕的？至少你還擁有希望，擁有自己，不是嗎？

我不是鼓勵幸災樂禍的心情，但是看看那些比自己更潦倒的人，你可算是幸運的了！保持樂觀的心境，常常提醒自己：「幸好！幸好！」。

幸好你沒成為被通緝的目標，幸好你還年輕有體力，可以再拼命努力。比起那些一輩子沒當過老闆的人，你擁有更多豐富的經驗。比起那些身體殘缺的人，幸好你還有健康的身體。比起那些連在自己家鄉都無法立足的人，至少你還活得理直氣壯，這樣比起來，你還有什麼好抱怨的呢？

換種心情，像期待中大獎的心情一樣，那就是一種希望，有希望的人生觀，日子還會差到哪去呢？

因世事不盡人意就頹廢不已，那是抹滅了身為人的生存價值

多年前，相信很多人一定對於有一部信用卡公司的跳樓廣告印象深刻；看到片中那個因為破產而想不開的倒楣蛋，一眼瞥見規勸的人群中「醜不拉嘰」的女友，更堅定了他想尋死的決心……直到他發現有一張信用卡真的很好用。

看到這裡，恐怕沒有不被劇裡主角的誇張行徑笑到噴飯的。為什麼我們看到這樣的不幸會感到好笑？有時瞄見一個東碰西撞的傢伙不小心跌一跤，也會忍不住為那滑稽的樣子笑倒。

其實不是因為我們缺乏同情心，而是如果你可以對於倒楣的事一笑置之的話，相信也能化解對方的尷尬，把人從鑽牛角尖的困境中解脫出來。

從旁邊看別人出事的反應，把它用在我們自己身上不也是一種跳出事件之外的另一種人生觀，而那正是充滿自嘲而釋然的態度。

就像我們以第三者的角度去看待不幸的事，問問自己：是不是太過認真，反應過度了？

如果可以轉移注意到其他的事上，就別和自己過不去了；想想還沒完成的事情，想想曾擁有過幸福而愉快的事，都有助於你從層層困境中逃離。

我常常喜歡提及我那「寶貝姑媽」的故事。她無可救藥的樂觀，讓她即使面臨最痛苦的生離死別關口，也無法把她徹底擊潰。

印象最深的是姑丈的去世。那年她已經是五十多歲，一群辛苦拉拔長大的兒女，開始自立門戶，才正是她開始享清福的時候，卻失去唯一的老伴。

那天舉行喪禮，我許久沒見到的姑姑，她的頭上突然間冒出一堆白髮，這樣的情形讓我不覺心驚。她承受得住嗎？我不禁要這麼想。

但我的擔憂顯得是多餘的。席間，難得齊聚一堂的叔叔伯伯們圍在圓桌，這群從小就失去父母、在患難中相依相偎的苦命親戚，時光染白了他們的髮，現實拉遠了他們空間的距離。但是，再度聚首，那些滿佈皺紋的眼角，依然清晰可見幼年的手足相親，那樣的情感濃得化不開。

我那位爽朗的姑媽，開始神采奕奕回憶起叔伯們的童年趣事，眼中散發出閃亮的光彩，口沫橫飛、手足舞蹈了起來。我們這一桌和死者最親的親屬，非但沒有唉聲嘆氣，還笑得眼淚快掉出來。真是一個不好的示範。

好不容易有這麼難得的「機會」，能將兄弟們從遙遠的地方聚在一起。我想姑媽是興奮過了頭，忘記自己身在何方了。

直到隔壁桌的鄰居看不過去，過來拍拍姑媽的肩膀，提醒她：「這是妳丈夫的喪禮啊！」姑媽才從笑到快掉下去的椅子上扶正姿勢。

也許這違背了傳統。但是，姑媽這樣的態度有何不可。我一直這麼認為。如果死去的親人在天國有知，看見你不因為他的撒手離去而傷悲，依然可以快樂過著自己的人生，那麼，死者一定會更感到欣慰的。

不過我真正羨慕的是姑媽拋棄悲傷的本事。如果我們因為世事不盡如人意而頹廢，那不是抹滅了生存的價值了嗎？

人生不可能每件事情都一次到位的，經歷挫折才能讓你變得更強大

身在工商繁忙的現代，要想一整天足不出戶，幾乎是不可能的事。門內，是你一人獨大，全然掌控的世界；門外，則充斥著複雜詭譎不可預期的變數。但是，你總得踏出那一步，凡事也就從踏出家門的那步開始，迎向各種不可測的未知。

本來興沖沖趕赴和阿英第一次約會的俊雄，滿懷著興奮緊張之情，這可是他花了半年時間猛跑那家花店，花了一堆冤枉錢買下那些最後被遺忘在垃圾筒的鮮花，好不容易才打動花店老闆阿英，願意和他一起喝杯咖啡。

沒想到車子才開出門不到十分鐘就不爭氣的拋錨了，他試了老半天，滿

頭大汗地宣告放棄，才招手要攔計程車，不偏不倚，手機響起，他以為是阿英。

「俊雄，王董那裡有個案子要你過去談！」是頂頭上司打來的電話，他的口吻聽起來十萬火急。

眼看距離約會時間還有半個小時，是丟了工作呢？還是愛情重要？俊雄沒有太多的時間考慮，心想：如果現在趕去王董那裡，拿了資料就走，反正遲到十來分鐘，那位小姐應該沒那麼小氣吧！

沒想到王董不肯那麼輕易放人，再加上客戶手上握有上百萬元的預算，叫俊雄不敢冒然得罪，這一拖自然過了四十分鐘，俊雄望著牆上的時鐘，此刻的心情只能以鐵板燒上站立的螞蟻來形容。

終於，他硬著頭皮告辭，臨走前餘光瞥見王董一臉大便，但他已經顧不了那麼多了，一出門立刻如被放出籠的鳥兒，朝向與「花店西施」的約會地點飛奔而去。

一路上叫不到車的窘困，逼得他只好汗水淋漓的在大街上奔跑著，太陽灼熱他裸露的肌膚，混雜著黏稠的汗水，然而他一心想著心上人，催促著他奔跑的腳步……

終於在視覺可及的目標，他看到了「她」的倩影，正當加快腳步，「西施」卻轉身而去……

「等等……等一下……」他上氣不接下氣，呼喚聲微弱到已經無法大聲喊叫。眼看只剩十公尺、五公尺……就差了那麼一步，一輛滿載乘客的公車早一步接走他的「最愛」，留下一屁股黑煙給他。

灰頭土臉的俊雄懊惱莫名，今天怎麼沒有一件事做對的，他好恨，幾乎想怒吼！

為什麼老天要這樣作弄他呢？今天像是沒有一件事情是做對的……

是否你也曾面臨這樣的鬱足心情，奔東奔西、勞民傷財，卻沒有一事如你的意。不管選擇什麼都是錯的，不管走那條路都碰壁。一個人像無頭蒼蠅般在街頭狂奔。

「真的有那麼嚴重嗎？」人生沒有那麼多事非做不可，也不一定萬事都完美。你的不如意只說明了想同時把許多事情做好，是不太可能的，野心太大，以致一無所成。

凡事有得有失，別設定太多的目標而分散了你的注意力，一次只需設定一個你覺得最重要的目標：什麼是你失去一次機會就難以追回的，盡其在我，放手去做吧！至於結果如何，既然是自己選擇的，無論好壞都得去承擔其後果。即使結果再壞，又能差到哪裡去？

在事情結束之後，找個陰涼的樹蔭，一間不錯的咖啡廳沉澱你的煩燥心情吧！事情演變得再糟，也糟不過病痛纏身，或列在瘋人院名單吧！深呼吸一口氣，看看自己、這個世界，有因此而改變嗎？世界並不因你加諸於自己的怨氣而改變運行，有什麼會比失去信心，陷入頹喪的狀況更慘的，那只會徒然耗損你的精力而已。

聽聽身旁歡樂的笑語，看看搖曳的樹影，它們依然存在著，只要你有一顆清靜的心，就能感覺到這個世界生生不息的希望。

那個錯失交臂的機會，並不會就此背棄你，它是試煉，考驗著你是否擁有再度敲開大門的勇氣。就當作一次學習的經驗吧！

如果你雙腿還有餘力提起，何不試著散步一段路，感受一下體內那股不變的熱忱，為再次出發做好準備吧！

面帶微笑，感謝處處與你做對的人

我們經常會在工作場合遇到了下面這樣的狀況：當我們為了一個問題或是利益和同事發生衝突，明明你覺得自己有理，而那個掌握權仗的主管卻把好處交給了你的對手。這算什麼公平？

你的心中發出了不平之鳴，覺得自己倒楣透了，想來想去只能用「衰」字來解釋狀況，開始不斷怨東怨西的，怪罪你的上司、抱怨你周圍的同事怎麼都不幫忙，更加怨懟那個「敵手」。

搞得自己無心在手頭上的工作，你的情緒也連帶間接影響到其他人。這樣好嗎？恐怕更倒楣的事即將接踵而來，這都是因為你悲觀情緒的膨脹所造成的。

負面的情緒折損你對事物的判斷力，更讓你的工作效率大打折扣。何不換個角度去看。為什麼你的主管會做出讓你覺得不公平的事？為什麼你的同事會與你針鋒相對？更或，當你出了問題時，為什麼沒有人向你伸出援手呢？其實，這些才是你該真正面對的問題。

也許你平常忽略了對於同事的關係，只關注自己的問題。從現在開始，為自己買束花吧！或是一本書、可口的零食，擺在桌上，公開與他人分享自己的心情，有空時，主動詢問別人是否需要幫忙。

至於上司的問題，也不是要你刻意逢迎拍馬屁，而是多求表現，至少改善你在上司眼中的印象，想想你進來公司是為誰做事，是為自己工作嗎？

在追求成就感之餘，不妨多想想自己的行為是否會造成別人的壓力，或者曾讓別人感到不快。你的成果就是上司的成就，但若能試著迎合上司的想法，是否能讓彼此更有默契，而將關係往前推進一步呢？

至於那個與你爭利的同事，就感謝他吧！要不是有他，你哪能如此頓悟，進而有推動改變自己的力量呀！

面帶微笑，這是你面臨挫折時所要踏出的第一步，想想你要爭的是眼前這一局，能贏得未來的人，才是真正的「勝利者」不是嗎？

我曾看見那些處處要爭贏，不惜任何代價打敗對手的人，最後搞到人人在背後嫌棄他，大家都在等著看那個人有朝一日從高處跌落；也看到那些做事勉強及格的人，卻處處吃得開，在辦公室得到許多的支持和友誼。

跌倒一次，並不算太差！重要的是，你會不會在原地再摔倒一次。

帶一束花到公司，小動作卻有大意義。因為，沒有一個人會厭惡，一個把愉快氣氛帶進工作環境的人。那表示，你有一個好心情，也能夠影響別人，讓他們有同樣的心情。那些以為你烏雲罩頂的人會不敢靠近，唯恐被掃到颱風尾的人，也會驚嘆你的巧思，開口向你讚美！試試看，包準你有一整天的好心情！

別跟自己過不去了！轉個念，就會發現事情沒有想像的那麼糟

明音回到家，又收到兩張罰單。這已經是她這個月收到的第十張罰單了，就一如她從學生時代延續下來的弊病：每回她和一群死黨翹課，別人都沒事，獨獨她被活逮。工作六年來從未犯規的她，偶然一次代替同事打卡，就被管理部的人現場抓包。

再來是，台灣的交通之亂，誰不是有洞就鑽，違規左右轉的車滿街橫行，而她卻十次違規有九次被罰。尤其這個月，為了節省開銷，她改騎機車通勤，沒想到一整個月罰款結算下來，比每天搭計程車還貴。

要說她不夠守法嗎？又未必全然是，像今天她天天停放摩托車的地方已經滿格沒位子可停了，於是她把自己的機車停在稍微超過白線的位置，就發

現車子不翼而飛，仔細一瞧，那一排機車下方壓著一道又一道的白色粉筆痕跡。

車子被拖吊了，她找得滿頭大汗，差點都要報警了。搞得這幾天心情窩囊至極。像這樣的倒楣事，是不是每個人或多或少都碰過呢？

然而，我真的發現，有些人真的「天生」一點壞事都不能做，每次使壞都會被活捉。我有個朋友曾告訴我，讀書時代他和一群朋友躲在教室後頭偷抽菸，他第一次就被逮到了，而他的朋友都逃過不下數十回了。

直到有一次搭這位朋友的車，果真在「禁止機車」的快車道上一整排機車車陣中，警察伯伯唯獨對他「情有獨鍾」。

真是個倒楣的人啊！你一定和當時的我有共同的心聲。既然不能碰歹事，那就別碰了嘛！那個朋友如此說，之後變成一個凡事循規蹈矩的人。這不啻是好事一樁，因為視自己的運氣一向很差，所以觀念一改，人生的態度丕變。

如果凡事一味怪罪別人、怪這個社會，怪東怪西的，只會讓自己變得憤世嫉俗而已。有人一路走來順暢，卻無法承受一次摔跤，從此一蹶不振。而習於跌倒的人，早已學會一身應變的本事，視挫折為日常，一旦幸運之神降臨之時，他內心的喜悅必然高出別人好幾倍。

這是上天對「衰人」的恩賜。人生之路，不如意十之八九，如果你能把眼光放在那幸運的十之一、二，好好珍惜視之，畢竟也不是全然厄運到極點吧！

像明音的例子，與其抱怨收到那麼多罰單，不如改善自己的行為，記取懲罰，下次別再違規了。別人躲過懲罰，那是別人家的事，搞不好那天碰上意外一命嗚呼，到時候你就會慶幸那樣的事不是發生在你身上。

就別跟自己過不去了吧！轉念一下，換個角度看事情，你會發現事情並沒有你想像的那麼糟，心情也會為之開朗起來。

不要讓情緒箝制了你的生命，重新開啟心靈之窗吧！

「親愛的，告訴我，該如何取悅你？」這句話聽來像是情人喁喁私語那樣肉麻。先別驚訝，這裏不是教你有關男女關係的技巧，也不是十八歲以下青少年不宜，而是提醒你的潛意識裏心靈的呼喚。

是的，任何人都是心向快樂，追求歡笑，沒有一個人會想把自己鎮日鎖在愁雲慘霧之中。我們看到那些製造歡樂的人，會驅近圍繞在他四周，聽聽那兒發生了什麼趣事。那些個悲情的、苦楚的人，只能獨自飲泣，孤絕於群眾之外。

平凡的我們，誰不是希望能時常有好友圍繞在身邊。正因為人是群眾的動物，但是為什麼，現代的社會人口越來越多，人之間的關係反而愈形緊張，表情也變得越來越緊繃，失去了笑容了呢？難道充斥在我們身邊的人群只是「海市蜃樓」？

才不，真正的原因，是我們主動隔離了他們，把自己鎖進了封閉的象牙塔裏。如何消弭這種情況，讓你再度重回群體，開啟心靈之窗？沒有高深的學問和道理，只有培養幽默感。

我就曾見過有種看文學類書籍會發出大笑的人。是他瘋了嗎？還是程度不夠？其實都不是的。那個眼角還吊著淚水的「超級天才」解釋道：其實人性的嚴肅和陰沉，不過是上帝愚弄人的一種方式。再簡單來解釋好了，那些喜劇的創作者和演員，其實私底下比一般人還要嚴肅多了。他們面對自己的人生是幾許悲觀的，也因為他們對人生帶有看破的犀利眼光，所以才能把一些發生在人之間相處的小把戲耍弄得正中要害，而回歸到人類最原始的一面——天真。

天真才是最單純的快樂。而不再是個無憂無慮孩子的我們，每天面對沉重的負荷，你問我：如何能天真的起來？其實大人們，有個更高明的絕招；

那就是幽默感。

過馬路時，莫名奇妙被東奔西撞的人踩了一腳，正巧那天你穿了雙新鞋。先別發火。俗語不是有云：「新鞋踩三下」嗎？也許你會帶來好運也說不定。

如果你有顆幽默的心，不如就這麼代替謾罵吧：「小姐（先生），你該減肥了！」、「該去配副眼鏡了！」留下莞薾一笑的空間，相信就算對方不覺得愧疚的話，至少也免去了火爆場面。聽說，發火是最傷肝的。

不小心迷了路或搭錯車，相信是令人沮喪的經驗。先別氣著捶首頓足，破壞了半日優雅形象。就把它當作「不是計劃中的旅程」，欣賞一下沿途風景，不也是新鮮的體驗嗎？不小心掉了錢包，夠背了嗎！就來一次馬拉松健行吧！反正平日也沒啥機會；只要不是路太爛，夜不會太深的話。

保有一顆幽默的心，你會發現人生處處是驚喜，隨時都可以開開心心。

若能夠以平常心面對得失，也許人生會過得比較自在些

那天，小晴升了官，下班後大家聚餐慶祝她的升遷，直到晚上喝得醉醺醺回家。沒想到一到家門口，她輕輕一推，門就開了。

一眼瞧見放在櫃子上的鑰匙，她酒醒了一大半，一股涼意透滿全身。沒有鑰匙她是怎麼進來的？再仔細環顧室內，東倒西歪的慘況，她驚嚇得都快暈了，原來家裡遭小偷光顧了！

她的心情猶如從雲端墜入谷底。今天對她而言是幸亦或是不幸呢？

大概許多人遇到此等狀況都會自嘆倒楣吧！小晴望著還得花上好幾個星期才能恢復的家裡，以及財產的損失，沮喪是想必然的，但若因此就將自己推向絕望的懸崖，倒是大可不必。

小晴深吸了口氣，換一種方式去想：那個小偷潛入室內時，還好我不在房子裡，不啻是一種幸運，好險逃過了一劫。比起社會新聞中怵目驚心的姦殺、強暴事件，這次的損失不過是身外之財，還算是幸運的了。

於是小晴找了一個舒服的位置，坐下來，深吸一口氣，安慰自己！毀壞的不過是屋內的東西，房子還在嘛！反正舊的不去，新的不來。

有些東西你一輩子捨不得丟，卻又用不著，連偶爾去多看兩眼的機會都沒有，任其蒙塵，不如趁此機會來個大清掃。把房子好好重新整理一遍，搞不好會勾起你不少賭物思情的機會，就把它當作一次回憶之旅吧！

至於損失的金錢珠寶，反正也是身外之物，遲早也是要花掉的，充其量不過少了一些買名牌包的錢。就算是用來付貸款的錢也一樣算了，別在罣礙，畢竟錢再賺就有了！只要有能力賺取，還怕沒本事再累積財富嗎？況且古人不是常說「留得青山在，不怕沒柴燒」，只要我們還有健全的體魄和能幹的實力，還怕什麼？

「塞翁失馬，焉知非福。」從一次被挖空財產的經驗，也許可以給人帶來另一層省思。未必那些存在於我們周圍的一切都是必然的，失去就失去了，不要在一直懊悔不捨，你的心情就會輕鬆很多。最重要的是，人依舊毫髮無傷。這總比出了意外、生場大病，那樣的傷害來得好吧！

看印度、泰國的苦行僧，他們還刻意拋棄了自身的財產，換得孑然一身輕的感覺，自此才開始修煉。那我們又為何不能放下身段，嘗試學習那種精神呢？換得一身樂逍遙。為了彌補失去的，搞不好反而能激勵你闖出另一番局面。

想起小晴她自我解嘲的話。那個小偷偷了她的財產，卻讓她有了生活的另一番體認。往好處看，再糟也不過如此，事情都已經發生了，任你氣得高血壓、腦充血也不能回到過去。淚流成河，也是於事無補，徒然傷心傷肝而已，不如留住精神，收拾殘局，展望未來才對！

生活中若是缺乏原則、凡事不夠謹慎小心，很容易讓自己陷入不幸

那天，拿起電話，正要向朋友抱怨巷口那個躲在轎車旁的警察連續幹下的「好事」——話筒乒乓發出一串噪音。

我喂了老半天。「啊，對不起，我抓不住電話……」電話那頭傳來朋友氣急敗壞的聲音。

「我車禍了，手腳磨傷得都快見骨了，走起路來都很吃力，啊，痛……」

「這樣……那你休息吧！」

不忍他接個電話那麼痛苦，安慰了一番，無趣地掛上電話，原來想說的話全哽在喉間。

「沒關係啦！我這只是小傷。」朋友客氣地說，「我有個朋友更慘，他騎摩托車撞上小客車，把鑰匙插進了膝蓋，拔都拔不出來……」我的胃一陣翻絞。

「最近真是災難連連，我表弟在鐵路平交道前被撞，整個人彈到鐵軌上，然後……」

「然後怎樣……」我握著話筒的手幾乎有把它捏碎的衝動。

「幸好在火車來之前，他滾到旁邊去，不過他受了嚴重的腦震盪……對了，妳打來是有什麼事想告訴我嗎？」

「不……，沒事啦。」我匆匆掛了電話，我的事比起他們來，真是輕微到不足以掛齒。

有時候，我們以為自己已經夠背的了，上天待你真不夠意思。但是看看別人，也許你還會覺得老天放了你一馬呢！

我們自怨自艾，經常只是反應了我們的目光短淺，生活得太無聊了，不夠具備一顆開闊的心胸。有時，這種火氣也不自覺連累了別人，好像非得拖著別人一起水深火熱才甘心。

這是一種惹人厭的行為，我們卻深陷其中而渾然不知。如果你試圖去找出困擾你的原因，結果可能會失望的；因為很多的事情，它本來就沒有所謂的公平性或定律。

你走路掉進水溝，不能怪水溝怎麼「放」在那裡；郊遊被蛇咬，游泳慘被水母強吻，你能說這些動物憑什麼接近你嗎？「人家」本來就好端端在那裡，也許牠們正悠哉徜徉在自己的世界，怪只怪你這陌生人幹嘛無緣無故打擾了牠們的平靜。

被蠍子咬的人，一定不是遠遠的就被選定目標，牠奔上前來一定是你侵犯了某些地盤、觸犯某種禁忌而不自知。

忽略了原則性、不夠謹慎，才會讓你陷於不幸運的境地啊！生活上我們學習了很多技術，一輩子都學習，也不斷遺忘，有些只是存在腦子裡，並沒有運用到日常生活，這就是為什麼我們會一而再發生失誤。

失誤就是為了提醒那些你失落遺忘的經驗，從另一方面來想，它不是好的嗎？當你的失誤出現越多，象徵你目前的生活亮起紅燈了，你該做些彌補與改善。是自己不夠專心嗎？沒有好好善待朋友嗎？常把要遵守的規矩拋到九霄雲外去了吧！「浪子回頭是岸」，你是不是偏離生活的軌道太遠了？

到一個沒人找得到你的地方散散心吧！自己才是自己真正的好朋友，好好面對自己，思考一下，千萬別把路走偏了。

對造成你倒楣的對象感謝「它們」提醒你的粗心，順便也提醒自己，不再在重複的事情上不斷發生錯誤。

CHAPTER 05

與其選擇與敵人作對，不如運用智慧化敵為友

執著於自己的理想，努力不懈，終究會走出一條屬於自己的路

不久之前，我才被朋友批評說：「你怎麼傻呼呼的。」讓我深自警惕，反省一下，用腦袋工作的人，怎麼會被人這麼認為呢？

不過像我這麼傻呼呼的人，卻成了朋友眼中的「好人品種」，我不知道朋友們對於「好」、「壞」的界定，但是我很清楚在我以前相處的朋友群當中，被稱做「大好人一個」可不是什麼恭維的話。

另一種意思代表著，這個人似乎很軟弱、很好欺負。

最後，我得到一個結論，可能是因為這樣，所以沒有人想當好人，朋友之間一點點小事情也要斤斤計較，我們把心思放在如何贏過別人，想方設法要獲取更多的利益之下，這樣的的心境怎麼會快樂呢？

以前認識一些朋友，他們外表看似很成功，有的在愛情方面春風得意，有些在事業上一帆風順，但是他們私下向我吐露心聲時，還是常常會有一種想不開的念頭。

「為什麼？你擁有別人得不到的一切。」

「唉！你不會瞭解箇中酸苦的。」通常我得到的回答是這樣。

如果連面對一個關懷你的人，都沒辦法說出真心話的時候，人生真的活得蠻痛苦的。

當然，在必要時，我們的確有需要保留一些隱私來避免傷害，但過度保護自己，無法敞開心胸去信賴別人，也不會活得太愉快的。

這類型的朋友，通常都是那種鋒芒外露，給人很精明幹練的模樣，他們對自己的要求是一秒鐘都不能鬆懈，時時活在備戰狀態。

即使抓住了幸福，也緊張兮兮，深怕哪天它可能隨時從手邊溜走，而戰戰兢兢度過每個時刻。

真正對生活有智慧的人，不會因為他的聰明而讓人有壓迫感，因為他知道有些事情不必太認真，反而會贏得人的尊重。其實損失的往往是小事，我們用太嚴苛的態度去對待，失去的反而會更多。

有位長輩曾對我說：「再厲害的人，也有思慮不周的地方。」

有人常犯了自以為是的毛病，以為耍些小聰明就可以騙過眾人，但終究吃虧的是自己。人是善變的，一個人的力量也難敵大環境的改變，我們只有盡心盡力做好自己，不必在乎我這麼做在別人眼中是否很笨。

有許多人的成就還真是得靠一股傻勁創造出來的，就像「愚公移山」的例子，越是別人眼中看來愚笨的行為，其實是執著於自己的理想，努力不懈，終究會走出一條屬於自己的道路。

我們替一個人訂定「聰明」的標準是什麼？有時候只是社會功利主義下的一個遊戲規則罷了，不是所有人都一定得照著這個模式走才會快樂，我們總要找出最適合自己的方式。

學習阿甘精神，開闊心胸，對人不要預先設定成見，反而能容納更多，如同大海一般，收穫也不是一般人所能想像。

與其和敵人作對，不如釋出善意，化敵為友

有這麼一種犀利的人，他總是隨心所欲，耗費許多心機在別人身上，有著老鷹一樣的銳利雙眼，也得到國王一般的好運，因此被這種人鎖定，除了被叮得滿頭包，哇哇叫之外，別無他法。萬一落入了他設下的圈套，必定會弄得一身狼狽慘樣，唯一能做的，就只是在背後恨得牙癢癢，說些無濟於事的小話。

你或許曾碰過這樣厲害的角色；像我一個同事，她不曾想傷害過我，但是和她共事的那段時間，我總是備感壓力。

我所有走得比較近的同事，全都對她恨得牙癢癢的，所以到後來他們當

然只有被鬥走的份。聽起來是這麼「可怕」的一個人物，因為某種好奇心的驅使下，我慢慢接近這號人物，想看看這麼一個朋友間口中的「公敵」，究竟是何方神聖。

說也奇怪，在與她正面接觸一、兩次，她發現我對她其實沒有惡意之下，或者說是沒有「利害衝突」來得確實。她一如往常，善用控制局面的手段，開始很積極的接近我，然而在我們兩人互相試探之下，竟然意外發現個性上有許多共通點，沒想到後來我們成了莫逆之交，不過當然是在我們不在同一家公司之後。

她真的很聰明，從她告訴我的點點滴滴中，得知她不僅在事業方面十分用心，下了班也愛玩，你告訴她什麼有趣的事情，只要形容得天花亂墜，她包準再累也會漏夜奉陪。

我不得不這麼想像著，她在公司耍的那些手段是否也是她的遊戲之一呢？她不止「玩得好」而且思慮周詳。當對手被她整得團團轉，失去理智的時候，她已經早先一步做好防堵的措施了，一般人哪是她的對手。

也許有些人比她更厲害，但是她不會等到讓人有機會對付她，她早一步先閃人了。撇開公事不談，你會很樂意有這麼一個人作為你的朋友。她很犀利，但是尖銳得有趣，看事情也有一套自己的邏輯，最好的一面是，她的成功會很令人激賞。雖然你不一定要用她那套方式，但總不會落後太遠。

有些人在公司曾被這樣的人整得很不爽，想給她一記回馬槍。很可惜的，因為不夠高竿，治不了對方，反過頭來卻傷了自己。

試著放下你的憤恨、怨懟，為什麼要把自己碰得頭破血流呢？這個時代已經沒有真正的惡人了，如果你相信孟子所提倡的「人性本善」之說，往好的地方想，試著跟對方交上朋友，相信我，那一定不會吃虧的。

越是看起來很犀利尖銳的人，跟大家都產生距離，但其實他心裡是非常想要有朋友的，一個可以陪他說說話，做些有趣事情的人。

有誰會不想要朋友陪伴呢？沒有人天生下來就寧可孤單寂寞的，所以，停止你的自怨自哀，真誠釋出你的善意，凡事先不要預設立場，更別往壞的那頭去想。

如果你釋出你的善意與誠意，伸出友誼的雙手，和這樣的人交朋友，不但有機會化解工作上的阻力，或許還可以在他們身上學習到許多呢。何不現在就放下怨懟，多交一個朋友總比多一個敵人好，能化敵為友也是一種很棒的事情呀。

愛抱怨的人，是交不到真正的好朋友的

有兩個做法極端的同事，她們原來是一對好友。

其中一名，遇到了不順心的事情，她總會搞失蹤。你想到任何她可能去的地方都找不到人，即使想安慰她也沒辦法，正當你擔心不已的時候，她突然又像是一陣旋風一樣溜了回來。

「沒事。」

當你詢問她，她已經恢復了原來的樣子。讓你以為原來的擔心是多餘的。當然，她的人緣很好，有她的地方總是充滿著笑聲。

另一個朋友就完全不是這麼一回事了。只要她受到一點指責、委屈，必定大肆哭鬧一番，搞得雞飛狗跳，那些和她較為要好的同事前來安慰，她還要怪人家說得不稱她的意。自然而然，她身邊的朋友越來越少，再有耐心的人也會受不了她的一鬧再鬧。

你覺得生活陷入困頓了嗎？你想要的結局總是不如你意，而狗屁倒灶的事老是找上門來，在一段不如意的日子裡，連出門踏到狗屎，別人還會怪你不長眼睛。

「看吧！現在你可是自作自受了吧！」旁人揶揄道。你恨不得想搥他一拳。

當所有矛頭都指向你的時候，你是否失去了控制，心跳加速，臉紅脖子粗。所有在這個時候下的決定或做出的動作都會使你事後想起來後悔。

抱怨連連，在你眼前沒有一件事是看得順眼的，你的朋友要出門，你說他在躲你；侍者上菜慢一點，你說他瞧不起你；沒趕上公車，你又認為司機故意看到你來加速跑掉；連看到烏龜走路都要嫌牠慢，這樣連神明見到你都要落跑了。

把自己陷在憤世嫉俗的泥沼，只會影響你的生活圈，讓好事、幸福的事離你越來越遠。

最後你只得關在房子裡繼續喃喃自語，免得上街被精神病院的醫師帶走。也許你覺得，不會那麼嚴重吧！但是一個人的情緒會影響到家人，讓別人為你擔憂，這也不是好事。

人總是喜歡趨近於幸福，你的煩憂、抱怨只會令自己陷入孤立無援的寂寞而已。

當你想把怨氣發出去的時候，試著讓自己冷靜下來幾秒鐘，自己的不順利有必要讓第三者承擔嗎？

不要怪別人不體諒你、沒有安慰你、不懂得怎樣讓你寬心，而是你自己先想開了沒？成天掛著一副棺材臉孔，連嬰兒都會被你嚇得半夜「哭天搶地」，別人想靠近你，也怕被掃到颱風尾。

朋友同事不是家人，他們無法縱容你的任性。他們是可以有選擇性的，選擇靠近那個朋友，遠離哪些人，一旦你失去了他們的信賴，就很難再挽回。

不要用「其實我很真」來做掩飾的藉口，一旦暴風雨過後，重新建設也得花上一段很長的時間和功夫。即使修復了，也很難和以前完全一模一樣，友誼亦同理。

別失掉了你的笑容，把陰鬱的心情暫時裝入袋子裡，找個四下無人的地方再打開。平常的你還是一如以往，不要因自己的心情不佳帶給別人困擾，多多和別人分享你的喜悅，漸漸你會發現別人也會相同的把喜悅分享給你，那你不就有雙重、三重……多重的愉快了。

這不是叫你偽裝，只是提醒自己如何在生活中就算跌入谷底仍能保持最佳狀況的辦法，下一次又有麻煩找上門來，也能鎮定面對，而且不失去往昔的歡顏。

更何況，擁有一群朋友圍繞在身邊支持，不是比獨自承擔傷悲來得好嗎？

你的善良不要被別人當成利用的籌碼，要懂得明哲保身的道理

生活在人與人摩肩擦踵的現代，各式各樣莫名其妙的事情都有可能發生，我們無法一下子分辨好人或壞人，只要是必須和人相處，就無可避免的要小心被「流彈」波及。

任憑我們防禦得再堅強，不管對方是有心無心，甚至有時只是為了一個很「自私」的理由。你說，我這人從沒懷害人之心，怎麼這種事會發生到我身上，然而，事實就是發生了，追究任何理由都是徒然的。錯未必是你，然而如果你因此就被擊潰的話，那就真是你自個兒造成的錯了。

日昇是辦公室裡大夥公認的好人。

「日昇，我今天搬家，你可不可以過來幫忙一下？」、「日昇，出國時幫我帶些東西回來好嗎？」、「日昇我工作做不完，幫我打字好嗎？」無論同事朋友有什麼問題，只要不是叫他去送死，他都會竭盡所能。

每個人都說他好，但嘴巴刻薄一點就在背後幫他取了一個綽號：「爛好人」。人人有問題都來求他，日昇有時也會感到壓力，但是他的天性就是很難向人說一個「不」字。幸好，相對的，他也得到不錯的友情。

一直到有件事的發生。同事美美那天下班時僵著一張臉來找他吃飯，還沒說到幾句話語，淚水就潰堤而下。日昇嚇了一跳，問明了原因，原來是公司裡另一個同事名莉把她幾乎快談成的案子，臨門插上一腳，眼看就要搶了去。

「你說那是不是很過分？」

「是……沒錯，但是你可以明白向上司報告呀！」

「有啊，我說了，但上頭的人不相信。你有接觸這家公司其他業務，和承辦人有點交情，就幫我向上司提一提吧！就說這是承辦人王先生告訴你的。」

「這……」

日昇覺得自己這樣出面有點怪，但天生不善拒絕的他，不知從何講起，眼前的美美又一副可憐的模樣。

「好吧！」他還是勉為其難的答應下來。

事情意外的順利，他這樣做如了美美的意，但得罪了名莉。一個月過後，就在合作案進行到一半，日昇被主管召見。

「我聽說你在處理王先生的業務時拿了一些回扣是嗎？」日昇一聽非同小可，這是關乎名節的問題，是誰這麼亂說的。他當然極力否認。

「好吧！雖然我手頭沒有實際證據，但是會列入觀察名單。就看你平時很努力的份上，你先回去吧！」

上司暗示了他某些意思，那就是未來的日子裡，他將會列入黑名單，日子不好過了。日昇知道自己被人暗算，懷疑著名莉，或是美美，不過在沒有確定之前，他也不想誣賴任何一方。

只是，令他扼腕的是，他那麼盡心幫「朋友」，怎會後來惹得一身「腥」了呢？

不需要再去猜是誰害了你，一次教訓也就足夠，下次當好人得視情況，別做爛好人，也不要和心機重的傢伙淌同一灘渾水。

真正洞察事理、聰慧明智的人，是不會參與危及自身的事情，就算是受到威脅利誘，都要不為所動，只求保住個人的正當利益與權益，會盡量去迴避各種無謂的爭鬥與糾葛，免得惹火燒身，得不償失。因此，遇到像日昇類似的狀況時，記住潔身自好、明哲保身，保有你原本的工作態度，保持好心情，照樣過你無牽無掛的日子，才不會被捲進複雜的人事漩渦之中。

當你有一顆溫暖善良的心，必能為自己灌溉出美麗的心靈花園

當心靈花園充滿花團錦簇，你的內心喜悅自然而然就會浮現，外頭的陰鬱又怎能影響得到你。

我們常聽到「經營自己」很重要，每個爬到一定社會地位的人都那麼告訴你，但除了這是登上事業高峰的一種手段，你可知道，在你人生失意時，這也是保持於身心不被挫折擊潰的好方法。

我有個表哥，他是標準的哪裡不對勁，就往那頭鑽，特別容易被倒楣事沾染到的那種人。就像有一戶人家失火了，警察調查失火因素時研判有人縱火，調動附近的監視攝影機察看，表哥剛巧在不久之前也行經失火地點，因

此也會被列為嫌疑人查問一番；明明中了一百萬發票，他卻發現中獎的發票已經連同衣服放到洗衣機裡面清洗了，到手的幸運就這樣飛了。

就是這樣，也不知道為什麼晦氣會與他如影隨形，也許他是天生少了那麼點運氣吧！

考試差幾分就考上公務人員，當他轉頭去做別行時，赫然發現自己離開的那間公司剛要開始發跡，昔日的同事們都領了十個月的年終獎金。連我們這些旁人看了，都忍不住要跺腳，他卻說，我現在這樣也不錯，領的薪水至少還能出國旅行。

老神在在的他，一直讓年老的父母很擔心，常常拿來和他的小弟比較；那個早就擁有一間規模不小的貿易公司的老么，簡直是父母的驕傲，他們向親朋好友談起這個么兒莫不神采飛揚，好像只有這個兒子是他們唯一的驕傲。

一旦有人不小心口中說出了表哥的名字，他們唯有以嘆聲連連來代替回答。我們都很驚訝表哥為什麼還能活得那麼自在，連成家的事對他來說都那麼雲淡風清。

「奇怪，結婚幹嘛！找一個人來綁死自己。」他反倒覺得我們死腦筋。悠遊於他自己的世界，快樂得像個「活神仙」，絲毫不受到任何人任何事所影響，凡事看得很開，常常自得其樂。

後來，他的小弟歷經了公司破產、妻子棄他而去，自己也病痛纏身，漸漸的么兒的名字也從他父母的口中消失。倒是他那個么弟回過頭來問：「哥哥，你怎麼能這麼快樂呀？」那個一向不被小弟放在眼底的哥哥到底有什麼「訣竅」，讓他即使在不如意的日子也常保快樂之心。

「因為我用心經營自己心裡的那座花園。」他說。

經常，我們早上匆匆出門，事情多得讓我們停不下腳步，更何況靜下心來思考。就這麼不帶大腦出門，所有的努力只是為了應付外在的人事物，而沒有時間停下來審視自己，任由自己的心靈乾枯荒蕪，然後遇到一點不順利的事情，整個人就潰不成軍。

一味想求助於人或是依靠算命占卜等方式，在在都說明了你其實沒有好好照顧自己。

如果你的心靈夠強韌，內心不斷受到滋養，內在心靈就會越來越充實美好，人心若美，看到任何一點點的美好事物，都會讓自己感到滿足喜悅，只想把它深印在腦海，成為心靈花園的一部分。當心靈花園充滿花團錦簇，你的內心喜悅自然而然就會浮現，繁華世界裡的喧鬧陰鬱又怎麼會影響到你。

充實自己的心靈花園沒什麼特別的技巧，可能是閱讀一本好書、看場電影、欣賞美景，甚至是聽一場演講，與好友談心等等，重要的是你必須有一顆溫暖善良的心面對世界。

與朋友及同事之間相處，就算再忙也要一起喝杯咖啡聊聊天

在雨天裡拿傘正常，有人在太陽底下怕曬也打傘，在陰天撐傘也不令人意外。問他為什麼？那人看看天空，回答得很妙：「看來就快下雨了！」

每個人對「防備」的定義都有所不同，採取的事前動作和時間也有長有短，重點是：「你準備好了嗎？」

雨晴由於工作能力強，在公司一向是老闆跟前的紅人。人紅容易遭嫉妒，就算那些在她面前逢迎的同事，轉過身在背地裡怎麼說她，就另當別論了。反正，是不會傳到她耳裡的。

雨晴的優點也是她最大的致命傷，就是太過於投入工作，以致忽略了要經營人際關係。某天她接到一通電話：「蔡小姐，妳上次為我們做的企劃案

明明說可以帶來營利，怎麼執行後讓我們虧損連連，妳的損益表有沒有做好？」

對方怒氣沖沖，雨晴一時愣住，想想那個案子已執行了半年，應該一切順利才對。

「趙董，您會不會弄錯……」

「什麼？我看搞錯的是妳吧！」對方一聽更為火大，怒氣沖沖掛上電話。

雨晴心中有知，下一通電話可能就在老闆辦公室響起，果然，不出所料，幾分鐘之後，她被叫了進去。

企劃案沒問題，原來是下面的執行者出了錯，既然是雨晴的手下，這錯當然是她來背。

有時候，你就是避免不了承擔別人犯下的錯，只因為你脫不了關係。怎麼辦？一走了之，只會讓你看起來像是個不負責任的傢伙。留下，你是否又心有不甘？

怪來怪去，只能怪自己沒先做好萬全措施，才會讓事情漏洞百出，不管那些合作的人是蓄意還是無意，事情反正發生了，再去思考這些問題，已經是多餘的了。

為自己留一個退路，別把自己和別人逼得太緊。想想看，這時候是否是你該轉移注意力的時候？以往，你太要求在工作上的盡善盡美，但公司是一個團隊工作，有很多來自四面八方的關係都對你的角色有所影響。

有人說：「我事情都做得很好啊！連外頭的合作對象都讚賞，為何上司老對我不滿？」理由很簡單。你忽略了公司各部門間環環相扣的運作，外人可以不了解，你身在其中卻漠視，那就太說不過去了。

這屬於公司文化的一部分，任你有戰神「雅典娜」的精神來改造，也非你一己之力能單獨完成的。這也就是為什麼在社會流行一句話：「做人比做事難。」

「人」是公司最大資產，「人際關係」更非同小可，有時人的助力反倒使你事半功倍，有人拖你下水，那只會讓你處處碰壁。

找個時間，和同事下班去「哈啦」一番吧！你以前會以為那是無聊「閒閒沒事幹」的人才會做的事，其中可大有學問呢！同事間的情誼往往就在此建立起。

再忙也要趁空檔放下手邊工作，聽聽看別人在說些什麼，適時「參一腳」。融入別人開心的片斷，你將會發現工作上的另一種樂趣。此外，還可藉此化解你「鬱卒」的心情。

要想逞英雄，先惦惦自己的斤兩，以免伸張正義不成，反而惹得一身腥

你看過那些仗義直言，處處標榜人格正派的人嗎？他們經常贏得人們的激賞，但是，可曾發現他們命運中無法逃過的悲歌——總是背負太多的「黑鍋」。

是什麼造成這些「英雄形象」的人經常鬱鬱不得志，我除了惋惜，也不得不去思索這樣的問題。

記得小時候最紅的布袋戲「史豔文」，這一齣家喻戶曉的布袋戲劇中，每當祕雕要出現時，都有一段口白令人印象深刻：「山中無直樹，世間沒直人。」

令人意外的是，看似簡單，其實蘊含看透人世滄桑的話語會從野臺戲的

演員口中創造出來。世間真沒有「直人」嗎？這句「口白」不是真理，只不過是反應一種現象，真實世界裡所謂的正直，經常被虛偽、狡詐所淹沒。

有次和朋友爭論台北市長由誰來做最好。當然任何知識分子都會推崇正派人物；但朋友持反對的意見，推崇「反」派，所持的理由是：「你看政壇中把持大權的至少都具備小奸小惡的特質，太正派的人遲早會被人給吞噬了。」想想，其中不無道理。

難道這樣就是指我們別做好人了，也都別擇善固執了嗎？那倒未必。那些具「小奸小惡」的人，未必他們就是沒有理想、沒良心的傢伙，只不過是為了適應社會，掌控局面所不得已使出的手段而已。也許，他們的目的是在掌握了有利局面後，再來慢慢實現自己的夢想而已。

因為在都市叢林法則中，你不攻擊別人，別人還是會主動挑釁，你不做好防禦，卻妄想感化對方，只怕不被撕得四分五裂就屬萬幸了。

像耶穌、釋迦牟尼、孔夫子、國父等等聖人的情操，不是我們凡人所能做得到的，不必妄想成為和他們一樣的人，只要能學及一點皮毛，那就很了不起了。

身為凡夫俗子的我們就認份一點，別強出頭，硬要把「義氣」掛嘴邊，路見不平拔刀相助，同事遇到麻煩，你義不容辭，有人說這是「英雄主義」，在我看來更像是「悲劇英雄」。

人生哪來這麼多的包袱，沒事去惹那麼多麻煩做什麼？你可以盡力去安慰或勸導當事人提供一些有助益的方法讓他去面對問題，至於結果是好是壞就看對方本身的造化了。如果對方是「扶不起的阿斗」，那也不是你的錯，至少你盡力了。

大可不必像個「超人」般跳出來，伸張正義，發揮你的「英雄本色」，什麼責任都要攬在身上。因為人生不是「神話」，你不可能會飛，或者一拳把惡棍打進水泥牆裡面，也不可能刀槍不入，別救人不成，反倒一起被拖下水，如此一來，對自己沒好處，對別人也未必有什麼幫助。

做人要懂得「該出頭時再出頭」，不能浮躁、冒失地強出頭。收起你的「正義之劍」吧！聽人吐吐苦水，你也吐吐苦水，再不然閉上嘴巴，停止那一股想要跳上桌子搖旗吶喊的衝動，乖乖坐在椅子上，喝幾口小酒，享受做平凡人的樂趣比較實在。

人生有時就像一場躲避球大賽，能閃過被球擊中的人才能贏得最後勝利

以前一位女性主管曾對我說了一句令人驚心動魄的話：「工作就像婚姻一樣，合不來只好離囉！」那態度如此絕然。

雖然我未曾步入過婚禮的殿堂，但也不免為這話感到心驚肉跳。怎麼了？這人是婚姻不幸福嗎？當然不是，只是仔細思考一下，她說的話也不免有點道理。

有人形容，相愛的男女就像兩個隕石來自不同的地方，在同時間同空間的當下撞擊出火花。聽起來如此羅曼蒂克，佛家把它稱之為「緣分」。

不只是愛情、父母、兄弟姊妹、親友、同學，和我們都是因循著冥冥中的一種緣分而牽繫在一起。有緣也未必是好事，容我得這麼違背傳統，因為

其中有所謂的惡緣與善緣。

如果這人讓你感到不對勁，或是處處想陷害你，你還會高興遇到這麼一個「有緣人」嗎？有些人天生就是喜歡爭權奪利，而且習慣把過錯盡量往外推，他們總是覺得所有的錯都是別人的錯，因此就算是你連碰都沒碰的事，只是剛好認識這個人或路過此處，也可能被栽了贓。

你看很多的戲劇中，就是有人不斷背黑鍋，一再爆發內在的掙扎，據說那樣才能使劇情更具張力。看戲是看戲，誰會願意自己的生活任人宰割被搬上舞台。

那舞台上演的是一種人生，台下的你過的又是另一種生活，像兩條不相干的單行線，只是在那一短暫的交會，讓你融入了戲劇性的人生。

把這樣的想法放在現實生活，無論是受了委屈、蒙受不白之冤，一切也只怪你自己太投入，受了別人的影響。有些人天生就是以打擊別人為樂，是天生的虐待狂，而你具有「被虐待狂」的性格嗎？

俗話說：「一個飯碗敲不響」。如果你對於別人的挑釁可以視若無睹、低頭閃過的話，別人能奈你何？再棒的拳擊手，也受不了一天到晚對空氣揮拳吧！

何不省省你的力氣，少對那些「害人之蟻」動氣呢？愛怎麼說隨人家，重要是你不要自亂陣腳，亂了方寸。

避免「瓜田李下」之嫌，適時閃開，人生有時就像一場躲避球大賽，能閃過被球擊中的人才能贏得最後勝利。

在此不是叫你要不切實際或好高騖遠，而是要懂得保護自己，不要順了那些有心者的意，把不明不白的冤枉看作是別人家的事，就像形容分手的戀人或夫妻一樣，「你過你的陽關道，我過我的獨木橋」，和對方劃分成兩條不交會的平行線，別讓別人佔用了你充實人生的時間，影響你的心情。

如果相處起來是一場惡緣，那麼就把「婚」離了吧！「惡緣」丟到水裡，無聲無息，就在此刻，將一切自心底拋開，還你一個清靜的生活。

學習關照自己，明哲保身，讓自己不受外力所傷

現在社會的局面越混亂，是非善惡的標準也越是模糊，那些遵守正義的使者越來越無法適應社會、無法看清自己該扮演的角色。

什麼樣的人比較容易受陷害？什麼樣的人容易被「暗箭」所傷？那絕不會是惡棍、老奸巨滑的傢伙。要被人扯後腿，前提一定是你——很坦誠、善良、不會在意一些小節、把所有人都當好人、能力在他人之上、受上司愛戴、連上司也給予讚揚等等。

像這樣優秀的人，當然會有人眼紅，費盡心機想找出機會來打擊對方，原因有時看來可笑，就為了「見不得人好」是人類的天性。

與其怨天尤人，不如怪自己吧！誰叫你要這麼優秀呢！如果有人能這麼告訴你，是否會令你好過些？

這問題就出在我們去挑剔別人的毛病比較簡單，卻少有靜下心來自省。當別人的矛頭指向你時，同樣的你只感到刺痛，卻不去問自己是否問心無愧。

如果凡事都沒有做錯的話，那何必去在乎那發生在身上不公不義的事。就把人分類成黑的、白的，但是中間的灰色地帶，絕不會因為你的視而不見就不存在。

現在社會的局面越混亂，是非善惡的標準也越是模糊，那些遵守正義的使者，越來越無法適應社會，無法看清自己該扮演的角色。

朝代交替之際，可以用激烈的革命手段來改革，但這種顛覆性的改革並非隨時可以派上用場。可曾聽過「明哲保身」的論調，其實不是你見死不救，或是他人發生危險時作壁上觀，而是把「明哲」和「保身」兩個詞拆開來看，要能明哲的保護自己。

許多時候，上一輩教育我們要做一個好人，要乖、要聽話，凡事依正道而行，卻缺乏教我們如何保護自己。

於是我們問心無愧，覺得自己該做的都做到了，為何還會受奸人所害。那就是因為沒有學習到「保身」的技巧。

它可以稱之為另一種「智慧」、「哲學」也不為過。需要耐心地觀察、思考，把它靈活運用到生活上，成為你的「金剛罩」，不為外物所傷。

如果你是具有抱負和理想的人，更需要這樣的「金剛罩」，再強的靠山都有失靈的時候，我們不能一味地向外求助。如果你是對的，而又面臨四面楚歌的境地時，更必須備有這樣的哲學性思慮，保你於不墜之地。

況且，你求上帝，上帝要照料的人可多著呢！未必能在緊急關頭「顯靈」，那你為何不學著好好關照自己。

我相信你是好人，當然是個好人，中國自古到今，經典中無不是善人受奸佞所害。但別讓你的好，造成命運的乖戾，也別讓你這樣一個好人，反而成了犧牲者。

CHAPTER 06

建立正確的人生觀，
才是創造快樂生活的方針

想一想，你人生的座右銘是什麼？

每個人都有自己的個性，也要有自己的一套行為處事標準，才不致於人云亦云。

為了抓穩自己的目標和方向，其實每個人都應該訂定一個「座右銘」。不管古今中外的聖哲名人都會為自己的處事準則立下格言。我們才能看清楚自己，當行為準則偏離時，可以及時修正過來。

我每段時間都會給自己一個「座右銘」貼在牆上，等到把這樣的目標或缺點改善之後，再貼上一個新的「座右銘」在上面。隔一段時間再去翻翻所有貼上的格言，檢視自己有沒有照著格言去執行，是不是又有走回頭路的老毛病。

這樣的方法，帶給我很大的進步，無論是心理上、或是對事物的態度，有了更明確的方針。

像以前，自己不是個很有自信的人，加上耳根子軟，經常會為了別人幾句話，開始懷疑起自己。但是每個人的說法各異，也未必適合自己，搞不好說話的人自己都做不到，要知道，太多人習慣動一張嘴巴去影響別人，反正又不是他們去做，不必負擔帶來的後果。但是對當事者的我們來說，就事關重大了。

我曾經因為聽了朋友開幾句玩笑話，真的跑去和上司說了，結果差點工作不保。這樣的例子，出現在職場上，更是比比皆是。

有些人不滿意現有的工作狀況，找了一群同樣心態的人，每天抱怨東抱怨西的，慫恿別人當砲灰。衝動一點的人，自然成了犧牲品，當然啦！沒有人會感激你這麼做。

這就是你沒有先替自己預設立場的結果。

如果你為自己立下了行為準則，決定事情之前先想想看，是不是和你的標準有所違背，或是重蹈以前的錯誤。

「座右銘」是因人而異，不一定名人說的話才是值得參考的，不過大多都和我們切身的經驗脫不了關係。

你也不要定一個不切實際的口號，最好是拿最近老困擾你的問題作起點，近期能達成的目標最好。不過一定要鼓勵自己達到這目標之後才能更換。

訂定「座右銘」有助改善我們生活上的小缺失，讓我們不致老毛病一犯再犯，當你更換一張又一張的座右銘時，你會發現自己的生活步調越來越踏實穩健了。

勇敢踏出第一步，經過不斷嘗試與修正，你的目標才會越來越靠近

人在跳水板上面站久了，就不敢往下跳，因為時間拖久了，人就容易怯懦。每個人都想試圖改善自己的生活，但多少人真的能下定決心去做呢？

改變是需要勇氣的，否則你也只好一直走著別人走過的路，雖然比較安全保險，但對一成不變的生活，我們難免又覺得生活貧乏無趣。

一位朋友收入正常，在半個國營事業裡工作，太太在公家機關上班。也許別人看他的生活很是幸福，但是他對自己的生活卻有許多的不滿意。

自從申請調職到大都市以後，他就覺得自己的薪水不斷的縮水，而都市的環境品質不盡理想。他原本在任職的鄉下買了棟房子，房貸已經壓得他喘

不過氣來，不但住不到，現在還得在大都市裡再租房子住。遇上經濟不景氣，他的薪水硬生生又少了一半。

他的夢想是遷居到國外環境好一點的地方。

他說了五年，也拖了五年，就是沒辦法成行。問他原因，不外乎一些瑣碎的理由。但真正的說法其實是「在國外人生地不熟的，連出個門都不知往哪裡去」。

他有著令人羨慕的條件，卻不肯踏出第一步。所以，他的生活當然無法如他所願，再過十年、二十年也是一樣。

回頭想想，是不是我們多多少少都犯了這樣的毛病。

我們想改善自己的生活，厭惡了虛偽的人群，卻因為不肯離開那個看來舒適的窩，讓我們作繭自縛，沒有人能來替你解開。

環境不會因你而塑造，但是你卻有選擇環境的權利；包括感情、家庭都是一樣。如果你無法忍受也無力改變，為何不鼓起勇氣走出去，世界之大處處充滿了機會，只看你有沒有嘗試去探訪罷了。

習慣縮在小小殼中的人，是永遠也無法體會到新的生命力。

以前去參加彈跳運動，教練鼓勵我們的一句話說得好「置之死地而後生」。

你替自己設想得越多就越不敢做新的嘗試，如果你去試了，等於給自己一次機會，如果不是更好至少你學得一次經驗。而且，誰知道在門後等候你的是什麼？

任何的創新和改造，皆需要極大的勇氣。追求夢想中的愛情也需要勇氣，否則你永遠只能做一個觀眾，無法享受身在其中的樂趣。

許多生活上的體驗和鍛鍊，都是在嘗試的過程中得來，行動讓我們發現不足，只有不斷修正，你所夢想的目標才會越來越靠近。

「大方承認自己的不足，開心表達對別人的佩服。」當你願意打開防禦的心門，把口號化為行動，來證明你生活上的勇氣時，你的生命將更加精彩。

與其對於過往的一切耿耿於懷，不如把握現在、充實度日

在人生的旅程中，不盡如意，走過高潮也有低潮，而我們的決定也難免有失誤的時候，一不小心犯了錯，就會成為記憶中的汙點。

有人抱持著愧疚，畏畏縮縮深怕被人發現，好像越是這樣越容易被人揪出毛病，對未來也會影響前進的信心。

過多的心理負擔，影響了我們正常的生活，與其如此，不如試著丟棄一些，適時學會遺忘，還給自己一片天空，對未來人生是有益而無害。

要知道，社會中充滿形形色色的人物，在都市叢林中，隨時有人躲在暗處，想伺機推別人一把，或許因為嫉妒，充滿不滿情緒的人所在多有。

我們不能時時刻刻防範，乾脆就對自己好一點吧！

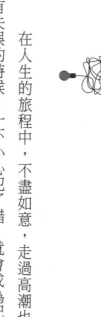

我的一位親戚，因為曾有過離婚紀錄，對於前來追求的男性，總是戰戰兢兢，她最常向我問到的話是：「對方條件那麼好，萬一讓他知道我離過婚了怎麼辦？」

當然，我們會擔心別人看到過去那些自認為是缺陷的歷史，因而害怕失去，但是每個人都有過去，重要的是你活在現在，受不受別人的肯定。

你所看到完美形象的人背後，搞不好更千瘡百孔呢！

對這位親戚，我的回答是：「也許他不像妳想像的那麼好，妳能保證他未來就不犯錯嗎？」

是的，沒有人能保證一生都不會出錯，你該慶幸的是你已經歷經了錯誤，擁有更多的經驗和智慧面對未來，這比起那些從未失敗過的人不是幸運許多嘛！

俗語說：「久病成良醫。」沒有經過挫折的人，人生就不算是完整的，失敗越多次，越是上天給予的恩賜，它讓人學習成長得越快。重要的是你要有一再爬起的勇氣，而不是沉溺在消極的人生中，認為前景一片黯淡，或是不再快樂。

朋友中那些最體貼的人，最擅長製造快樂場面的人，如果細細探究會意外發現，他們在人生的旅程中，往往歷經過比一般人更多的悲劇與挫折。

正因為如此，他們格外珍惜那一點點的幸福，他們特別能設身處地為人著想，讓每個和他們相處過的人都忍不住愛上他們。

特別深刻的過往，不是要忘就能忘，這是需要學習的；更別讓灰色的記憶來擊倒你，要提起勇氣面對現實的生活。

以前採訪過一位知名電視主播，他表示，每天處理那麼多的新聞事件，他也曾犯下錯誤，第一次當他面對失誤時，即深深陷入懊惱之中，工作也提不起勁來。

但是那時上司鼓勵他一句話：「今天的新聞，明天觀眾就不會再記得，因為每天都有許多事件在發生，每天都是新的開始。」

「每天都是新的開始。」這句話帶給他很大的刺激，於是他振奮起來，努力把每天的新聞做好，終於爬上今天的位置。

電影《飄》中，在片尾不是也有一句名言「明天開始又是新的一天」。

努力過好今天，為明日作準備，過去的就讓它過去，這才是積極的人生。

讓自己可以堅持下去的最大動力，來自於自我的肯定與激勵

你有多久沒讚美自己，對自己滿意了？有多久沒有好好善待自己，犒賞自己了？我們活在高度期望值的社會裡，永遠擔心自己比不過別人，付出的不夠多，愛得不夠深刻，卻很少問自己，對自己夠不夠好。

相信自己，不是你做得不夠，而是缺乏鼓勵。這些激勵自己的方式，有時不一定要外人給予，我們也可以做到。

就像小時候在父母的照顧之下，當我們得獎或是做了一件好事，會得到適當的鼓舞，可能是一根棒棒糖或是一個蛋糕。長大後，沒有人來為你做這件事，因此，不管你再努力，只要達不成別人的期望，就別想有糖吃。

但是，那是外人的標準，你對自己的標準呢？

別人只要求你做到他們想要的，除了你，沒有人會在乎你對人生的規劃和夢想，這些存在於你的心底。對與錯，承受的也是你自己，為了自己的成就，你就應該給自己來些掌聲。

我一個藝術家朋友，就很懂得肯定自己。當他完成了一幅畫，還沒來得及給人過目呢，第一件事就先跑來拍拍我的肩膀，說：「走，去慶祝一下。」

等我們喝了一杯。他才告訴我，他完成了一件得意的傑作，要我一定得去瞧瞧之類的話。

等到我看到那件作品，也不一定如他口中是一件「多了不起」的傑作，但是他一定會拿到牆上左擺擺右擺擺，口中唸唸有詞：「啊！妳看，這面牆因為這幅畫而重新有了生命力」或是「滿室因此充滿光輝」等等。

剛開始，我真覺得這個人似乎有點太自大了。

但是，看他一件件畫作、雕塑的產生，有時也會有些不錯的作品，才明白他為什麼要這麼做。

沒有人一開始就是天才，無論工作或是興趣，甚至對未來的決定，唯一讓我們持續下去的力量，其實是來自心底的激勵。

與其說：「你做得很差」不如告訴自己「你很棒，你做得真好」來得有效。這種激勵自己的方式，可以讓你在做事的心態上努力不懈，甚而樂此不疲。

我看過很多懂得讚美自己的人，往往充滿了自信，別人批評的話語都打擊不倒他們，可以說是最具恆心毅力的人。

他們在旁人眼中看來，或許有種傻勁，但如果少了這份特質，他可能早就半途而廢，感受不到成功的滋味了。

我們不需要過於驕傲地炫耀自己，強調自己有多厲害，但是心裡不時要對自己予以鼓勵，哪怕只是做對了一點點，排除眼前的障礙，生命才會充滿活力。

愛過就已經足夠，不要死守於殘破的愛情，因為你值得更好的

朋友和男友分手三個月後，曾經很苦惱地跑來問我：「以前那個男明友想回頭，妳覺得我該接受嗎？」

這個問題，站在好朋友的立場，當然不敢妄下斷語，但是回想起朋友當初和這位前男友分手是男方提出的，用家世背景不合為理由。而朋友當時是那麼難以割捨。

她說，那是她最認真的一次戀愛，她把對方當成她生命中的唯一，不能想像沒有他的日子。然而，當初信誓旦旦的男方，卻因為父母的反對而與她日漸疏遠。

朋友一開始當然難以割捨，經過無數掙扎和吵鬧，直到雙方都疲累了，

朋友甚至一度為此輕生。從鬼門關撿回一條性命之後，她大徹大悟，才對這個男人鬆了手。

這段時間，這個男人像消失了一般，連一通電話也沒有，而朋友也漸漸從悲傷中恢復。雖然，內心深處依然忘不了他。

沒想到，三個月後，這男人又回頭找她，對她表達後悔之意。看他一臉痛苦和憔悴的樣子，朋友於心不忍，內心有些被他打動。

當然她沒有把自己丟出來的問題，照我的建議去做，也許她只是想找人傾訴而已。果然沒多久事情就發生了。

她先是答應他，先接納他從朋友做起，但是過去的回憶不斷湧現，她還是無法克制對他的情意。就在她再次陷入愛河時，發現對方竟然已經在這段分手期間跟別人訂婚了。

「那是我母親的主意，但是我心裡還是愛著妳的。」她的男友說。

「那麼你可以一直愛著我，卻娶別人嗎？」

朋友說到了問題的癥結，他們之間不會有結果。現實問題依然存在，她的男友還是會依照家人的決定娶另外的女子，他缺乏追求愛情的勇氣，像一個懦夫般無法給對方任何承諾。他們註定在一起是不會快樂的。

當然有些愛情是有復合的可能，但是得看雙方對感情的堅持，還有當初分手的原因。要從甜蜜的戀愛到擁有一個美滿的結局，必須有很多現實因素的配合。

有人說：「我們的結婚伴侶，不一定是最愛的那一個。」其實就說明許多現實無奈的因素。

愛情很美、當然很美，但是人不可能只靠著美夢過生活，個性不合或是環境無法配合，這樣的愛情依然難以持續下去。當初愛得死去活來的人，卻不一定能給你幸福安定的生活。

我們看了很多女人在單身時，爭著同一個男人，等好不容易成為勝利者，和對方結了婚，卻發現丈夫回過頭去找以前的女朋友，這種狀況更令妻子痛心疾首，究竟誰才是這段愛情的最大贏家。

「愛過就已足夠」，如果我們能以更豁達的愛情觀來看待一份感情，或許你就不會苦守這份殘破的感情。西方詩人曾說：「得之我幸，不得我命」，就讓愛情在最美麗的時候劃下句點，總比堅持到最後卻面目全非來得好。

天涯何處無芳草，世界上的男人如此多，一定能遇上一個適合妳、讓妳快樂的對象，那才是真正的幸福。不如就放手吧！

懂得學以致用、融會貫通，才能將智慧融入於生活中

最近拿了弟弟的一張游泳優惠券到一家從未去過的游泳池，一到那裡立刻傻了眼，一條條被規劃好的水道，還標示著去的方向、回的方向，下了水你只能不斷往前游，後頭總是有人在追趕著。一種停不下來的壓迫感油然而生。

或許是習慣了國外那種不規則狀的泳池，還有老外多半喜歡躺在池畔曬太陽，即便下水也是游泳十來分鐘就起身那種悠閒和慵懶。游泳池永遠保持著空曠狀態，你愛怎麼游泳就怎麼游，就算以仰式漂浮著，也不怕被人撞到，相形之下，在國內公共的泳池裡，游泳就成了不輕鬆的事。

像我這種抱著好玩心態去游泳的，常常失望而歸，因為老是覺得後頭有

人在鞭策著，「快游啊！拚命往前游！」

於是我拚命游了半小時，已經筋疲力盡了，此時只想早早收拾回家。

奇怪的是，經常我游泳時，都會有人靠近想一探游泳的竅門。

上回，就在我停下來時，旁邊的小鬼頭指著我，吵著要他爸爸教他跟我一樣的游泳方式，就是把頭保持在水面上，不用換氣的游泳方法（俗稱抬頭蛙）。結果連他老爸也不會，不過為了面子還是硬拗些道理來，雙眼不自主地向我發出求救的信號。

還有一回，一位老太太在我停下來休息時，就湊了過來說：「小姐，妳游得好快喔！可不可以教我游得快的訣竅。」

我看看她笑著回答：「那是因為我年輕體力還不錯，如果我到了妳這年紀，搞不好還游不動了呢！」

這位老太大不相信，提醒著說：「但是一定有游得快的訣竅。我們教練說，腳蹬出去後，一定要筆直地收好，還有雙手雙腳的動作也要一致……」

她說得好像是一番大道理似的，我心裡覺得好笑。一邊想著，「蛙式」不是模仿青蛙的游法，但是青蛙有辦法把後腿收得筆直嗎？通常教練都會說出一番很正式的規則，但是卻忽略了每個人的狀況。事實上，經驗是經過不斷探索所累積的過程。

知識可以靠學習而來，但是要真正變成自己的東西，就必須親身去實踐跟體會。我們經常會犯了光是聽得一番大道理卻失去應用在生活上的能力。

像我試著把頭保持著水面上游泳，一開始是因為戴隱形眼鏡的關係，臉埋在水裡很容易導致隱形眼鏡被沖走，後來不知不覺就嘗試成功了，很享受像天鵝一樣漂浮在水面上緩緩前進的方式，覺得真是游泳的最大樂趣。

看很多人學游泳，都把頭埋在水裡，姿勢標準，要求游泳的速度越快越好，難道每個人都要出國比賽拿冠軍嗎？

事實上當然不是。而是我們對自己的要求過高，有些東西學來實用，真的是很日常的生活技能。像游泳來說，學會了，你到海島或海邊就可以享受到另一番樂趣，不慎溺水時還可以自救。一旦丟進大海裡，光是游得快也沒用，還不如學會如何漂浮著呼吸來得實際。

拿另外一個學英文的例子來說，以前唸書時，英文好的同學就會被派去參加朗誦比賽，如果你真的用那種語調和老外說話，真的會讓人笑掉大牙。

學語文的東西，基本上還是運用在溝通，除非你真的很有興趣研究語文，想當語言學博士，否則勸你還是實際些。

別犯了目標訂得太高的毛病，累死自己得不償失。如果最基本的生活都無法實際運用的話，知識對我們來說，只是高談闊論罷了！

人生是一連串不斷學習的過程，我們都必須藉由學習而成長茁壯

有一回在國外一家餐廳喝飲料時，進來了一家人。在點餐之後的等待時間裡，他們不像一般人聚在一起嘰嘰喳喳聊天，而是每個人從他們的袋子裡拿出一本書來開始閱讀，再來引起我注意的是，這家人還夾雜著黑人、白人。

在我們印象裡，黑人似乎都不太愛唸書，但這個觀念卻在這時完全顛覆。

西方人的閱讀風氣真的很興盛，無論何時都可以看到他們帶著一本書，隨時打開來閱讀：可能在等車時、用餐時或是游泳池畔……令我們無法想像。

你所看到那些讀書的人，有些衣著很邋遢、不一定看起來很有學問的樣子，但是他們是真正投入在閱讀中，完全不是裝個樣子給別人看。也許是受了這種風氣的影響，我有很多蒙了塵的書籍，都是在國外才看完的。

現在回過來想，我們唸書好像是做給別人看的機會居多。

以前讀書是為了考試，出了社會為了給人留下好印象，還會在家裡擺上幾套中外古典名著，某次還翻到一本雜誌，文中介紹要到書店或圖書館等場所找優質男人哩！藉由書籍的偽裝，我們好像忘了閱讀的本質是什麼？

人必須經由學習而成長，學習可以從書本，也可以藉由生活中獲得。但是這些都必須親身去做，才能真實的領悟。別人看你的眼光不重要，只要你覺得這樣做是有意義的，那才會帶給你精神上的愉悅。

旅行也是一種學習，學習看待不同的文化，不同國度的生活方式，啟發我們新的思維，拓展我們的見識。

像之前的例子，你會突然發現，以人的出身背景、膚色來斷定一個人是很不公平的。每個人都有其獨特性，雖然我們的出身不能夠選擇，但是我們要走的路卻完全掌握在自己手中。

你可以在一個小地方默默無聞，同你的鄉親一樣死守到老；你也可以走出去，開闊你的世界，改變你的生活，改進你的缺失。這些都是從不斷學習的過程中所獲得而來。

所以我們可以看到很成功的黑人律師、政治家，也有很多窮困潦倒的白人、跑去航海的亞洲人，沒有人限定什麼人該做什麼事或從事何種行業，所有的限定皆來自於自己本身。

有許多我們本來具有的能力，往往就在忽略與怠惰下喪失了。譬如一個長跑健將卻漸漸養成了啤酒肚；有繪畫天分的人卻因為改行從事別的生意而不再拿起畫筆；過慣了紅綠燈、斑馬線的人一走到沒有這些交通號誌的地方就慌了手腳，要靠導遊開路才敢過馬路……這些例子的的確確一直在發生著。

但是奇怪的是，沒有交通號誌的國家，卻鮮少聽說有人過馬路被撞到，反而是有紅綠燈的進步國家較常發生車禍。這都是因為我們被慣壞了，才會日漸對周遭動態的敏感度產生退化的現象。而我們的運動細胞也在「士大夫觀念」的洗禮下，一點一滴被侵蝕。

唯有靠重新的學習，一切從零出發，不但接受新的東西進來，也淘汰不好的習慣，改善原本生活上的缺失，才能讓自己成長為更成熟的人，建立更理想的人生。

培養幾樣工作以外的興趣，你就會發現生命變得更精彩豐富了

興趣的養成，有時是一個機緣巧合，就看你有沒有認真去看待。

我們都不希望生活沉悶，希望自己能成為一個有趣的人，但是天性無法改變，不是任何人一開口就能讓人絕倒，但不必緊張，這樣的能力是有辦法培養的，而生活也有機會加以改善。

如果你覺得本身生活很無聊，平常除了上班下班，一到假日只想倒頭呼呼大睡，那你真的就出現危機了。

看現在很多人一旦失業，就無所適從，不知道怎麼辦才好，每天只能到公園閒晃而一籌莫展，這是因為平常不懂得生活的人，一旦不上班，還真不知日子該怎麼過。想像即使工作直到退休，也不見得好到哪去。

情趣是需要在平日培養的。我們的生活並不是只有賺錢而已，應該有更多讓你抒發、享受的管道。培養興趣就是其中之一。

每個人的個性不同，有人喜靜、有人喜動，但無論如何，你都得身體力行才行。有些人在陽臺上種花，種著種著就培養出興趣來了；有人出了國門，發現和外國人產生溝通上的問題，回國之後便努力研習語文，而對語言產生興趣來。諸如種種，興趣的養成，有時是一個機緣巧合，就看你有沒有認真去看待。

興趣像是我們生活中的一部分，簡單得如同三餐一樣，如果喜歡跑步的人，一天沒出門運動，就覺得好像少了什麼，其他像藝術活動也是一樣。尤其像文學、繪畫、音樂等激發智慧和美感的活動，更能讓人的精神得到舒解，心靈充滿愉悅。在追求快樂的人生中，藝術生活更是不可缺少的一環。

其實每個人都有屬於自己特別擅長的一種天份。這種天份不一定是要你做得多棒、多有才華才去做它，而是光憑你的喜好與興趣去接觸與學習，就能獲得些許成果了。再懶一點的人，至少還是能以鑑賞的方式去投入吧！

有些人說：「我不懂藝術，那些畫我都看不懂。」其實不是懂不懂的問題，而是你有沒有真正去接觸、去感受。像西方社會就很注重這方面能力的培養，而這也是我們所缺乏的精神。

我的朋友很愛作畫，有回他認識了一位漁夫，漁夫知道他是個畫家，很熱情地邀請他到家中作客，當然最主要的目的，是要向他獻寶。

當這位朋友到他的工作室看到琳瑯滿目的作品，很多是不成熟的，甚至亂畫一通的，但是我的、朋友卻忍不住發出驚嘆。

「這些真的是你畫的嗎？」他拿起其中一幅，臉上充滿欣賞的神情。

「當然，我畫畫已經持續五年了。」這位漁夫得意地說。

後來這位畫家朋友告訴我，他不是被畫感動，而是被他的精神感動。雖然他不是那麼有天份，但光憑他願意不斷去嘗試，就足以顯現藝術的精神了。

我們追求美的事物，並不會因為我們的學歷或社會地位而有所差異，在藝術之前人人平等。為自己培養至少一、兩樣工作之外的興趣吧！你會發現生命就此精彩豐富起來了。

活出屬於自己的精彩人生，自己的風格自己決定

現下經常可以看到「活出自我」、「活得自在」之類的口號，現代人對於講究自我主張，真的越來越在意了。我們要讓生活有前進的力量，這種精神當然不可少，而第一個動作便是：踢掉「順從」的行為。

我們之所以無法獨立自主，經常是因為我們在成長過程中，已經被要求太多的依順；父母師長的期望、朋友的要求，每個人似乎都是活在別人的要求與期待之下，那麼「你」在哪裡？

當別人為你的決定作判斷時，不一定對你是最有利的，只有自己最瞭解自己。如果，你說看不清楚自己的方向，那可以趁這樣的機會，學習去面對及審視自己是個什麼樣的人。

一味的模仿別人，只會成為一個四不像的影子，你永遠不會像別人一樣成功，因為成功的人都是走出自己的路，讓自己成為別人效仿的對象。

你可以在某人身上找到一、兩樣相同的特質，但不要想和他成為一模一樣的人。同樣地，你想藉由順從、不違背別人的意思來討好別人，得到認同，犧牲的往往是自己。

有些人明明是音樂天才，卻被逼著去當醫生；有些人明明不愛唸書卻被逼著去教書；我們經常被身邊的人過度的期待與要求，而畸形發展著，放棄自己原本的喜好，而選擇世人所期待與認同的職業，過著僵化而無奈的人生。

有時候我甚至覺得一些在市場擺攤的朋友，還比那些政客來得實際許多，因為他們有自知之明，不會讓自己的淺薄之見，危害到許多人的利益。

我們無法符合每個人的期望，當身邊的聲音相互衝突時，你會選擇哪一方？清楚自己的人，才能確切掌握人生的方向，不會把路走偏。到時才來怪罪別人。其實，這一切都是因為太順從他人的下場。

依賴別人所得到的安全感，會在別人的操控下一夕瓦解，因為別人只是想著利用價值，並不會尊重你個人。

在最混亂的世紀中，出現了所謂的「嘻皮」族群，代表嘻皮精神的雷鬼音樂之父Bob Marley當年有首歌的歌詞是「不要讓人改變你」。其實現在的局勢不比那時好到哪去，許多人迷失了自己的方向，找不到出路。如果我們能堅持自己的信念，在心境上也就不致遭受外界影響。

培養獨立思考的能力是必備而且迫切的，唯有這樣才能開拓你想要的人生。唯有如此你才能享受屬於自己的生命，活得充實而快樂。

抱持虛心接納的態度，才能彌補盲點，修正自己，真正成長

沒有人是十全十美的，我們都是不斷在學習中成長，不只是在知識方面成長，也要對於自己的內心世界做一番探索。

不管活到多大年紀，都一定有不足的地方，最好的例子，就是我們看到現下許多青少年是最狂妄的，也代表著最無知的年紀。

從這樣的路走過來的人，都會有深刻的體驗。那時的自己從不反省，只一昧要求，用叛逆的手段來表達強烈的不滿，而真正的不滿足，可能多半是出自本身的問題。

當事情無法達到我們所要求的標準時，我們難免對一些人事物產生憤怒感，但生氣只是一種發洩，我們不過是不知道該生氣什麼，而隨意找個對象

罷了，而真正生氣的可能是自己。

為什麼我不睜大眼睛看清朋友的面貌，為何老是上當受騙？在處事受阻時，怪只能怪自己缺乏通盤的考慮……你說，誰是問題的癥結？

每個人都像一個幅射體，由本身出發慢慢集結成一個小小的環境和人際關係，如果自己都無法控制自己的行為，有什麼權利去抱怨那些因你選擇而來的環境呢？

每個人或多或少都一定有缺點，問題是你願不願意正視它並且加以改善。

一個朋友工作得很勤奮，對於別人的要求也樂於幫忙。經常見她忙進忙出的，即使在放假的日子裡，也不曾聽她喊著無聊。

我一直羨慕她這種積極進取的生活態度。

有一回，到她家去，看見桌上成疊的彩券，霎時有些吃驚，我以為她沉迷賭博了。

「沒有啦！我看到那殘障人士可憐，每天就給他買個一、兩張。」

「那中獎了沒有?」我順手翻了一下彩券，足足有十來張。

「偶爾也中點小獎，不過又去換了彩券回來，也是打平。」她毫不在意地說。

我看了她一眼，不知該說些什麼，以她一個月兩萬上下的收入，這樣的付出是否值得我也說不上來，只記得她經常在湊零錢，把銅板疊成一堆一堆的準備付房租；有一回，她還告訴我打算分期付款去繳房租。

後來，有幾次打電話過去，她電話沒通，隔了一個月還是不通，跑到她家，發現她買了一支新手機。

「什麼時候買的?」我好奇問。

「前兩天。」

後來她才跟我說那支手機花了她八千塊。儘管如此，她卻不願意拿那筆錢繳清電話費。我真不敢置信她花錢的方式，而這也讓我想到另一個當美工的朋友，寧可餓肚子，也要向人伸手借錢買六千塊水晶的事。她們都有一個共通點：不知不覺中讓生活陷入窘境，卻渾然不知自己犯了什麼毛病。

讀者如果發現自己有類似的缺點，千萬得自我警惕，別落入這樣對待金錢的迷思中。

在物質文明進步的社會，我們除了小心金錢流向外，別以為自己書讀得多拿了碩士、博士學位就了不得，許多的品行缺陷不是唸好書就補救得了。

也許在學位、工作權位上贏過了別人，在其他地方可能就有不足的地方，抱持虛心接納的態度，才能彌補自己所看不到的盲點。

當你與人意見僵持不下時，你是否有把對方的話聽進去，是否我們只是在強迫別人接受自己，不合，就一拍兩散，一點也不留餘地？

這都是我們掩飾自己缺陷的警訊。

自己總是難以察覺自己問題的所在，往往要等到生活出現困難才恍然大悟。其實事先都可以預防時，只要懂得反省，多聽來自四面八方的意見，並且肯確實修正自己的腳步，才能真正成長。

尋找一個能接納你、欣賞你的地方，這股肯定的力量能讓你活得自在快樂

有這麼個機會，和孩子趴在地上分享他的童書，其實自己一直很愛看這樣的童話故事，從很單純而正面的人性出發，其中更有許多是我們這些大人遺忘已久的道理，卻在這些書中明白揭露。一個故事給我印象深刻。

它講述的是一隻生下來全身都是藍色的貓。牠被兄弟姊妹排斥，連母親都羞愧不已。牠受到同伴們的嘲笑排擠，附近的貓族沒有一個人能接納牠。牠心想，其實我內心是很善良的，為什麼大家都因為外表而不能接受我呢？

於是這隻和善的貓決定離家出走。

牠跳上了遊艇，打算到很遠很遠的地方找尋願意接納牠的家庭。在遊艇上，牠遇到了好心餵食牠的水手，當然也遇到了欺負牠的陌生人。船到岸了，牠湊巧被一個老太太抱走，牠興奮地以為自己找到了家。但這家人卻視牠為玩物一般，給牠近乎虐待的日子，於是牠逃跑了，跑到這一家又換到另一個家。

終於，某天在路上一位小女孩指著牠，說：「天啊！這隻貓多可愛，你們看！牠全身都是藍色的。」

小女孩把牠抱回家，女孩的家人全都很疼愛牠，牠終於達成心願了。

這故事讓我很感動，不是很多人都像這隻貓，我們總企圖在找適合我們的地方，一雙能滿滿接納我們的雙手。

有時候，你發現自己處處碰壁，遇到的人都不是真心相待，甚至譏笑你的所作所為。你是忍氣吞聲，還是選擇出走去開創屬於你的人生？

我相信，每個人一定都能找到適合你的朋友、工作或生活環境，只要你願意踏出第一步。

當環境和周遭人與你格格不入時，你可以選擇改變。這是一個自由的社會，沒有人規定你不可以搬家、不可以換朋友。

重要的感覺在於你。

你適合在這地方生存嗎？這是應該思索的問題，你有權利追求更快樂、更幸福的生活，為什麼不去尋找呢？

就像是「機會」一樣，人生處處皆機會，並非只有一條路可以走，前方不通，你換條路不就行了？

人就像棋子一樣，放在對的地方，你大獲全勝。如果怯懦不前，即使守在原地，也難保不被吃了。

不要認為所有反對你的聲音都是好的，有時我們受了委屈，卻未必真正做錯了什麼，而是不被瞭解；尋找一個能接納你、欣賞你的地方，你才能有所發揮，而這股肯定的力量，能讓你活得自在快樂。

真誠的朋友是會隨時傾聽你、關心你一切的人

有陣子，我住在一家旅館裡，隔壁住進了一位歐洲人。他看來小有積蓄，人也很聰明，而且有些藝術天份，天天看他埋首做東做西，經常引起路過的人注意。或許才華特別容易吸引人，我也慢慢和他有一搭沒一搭的聊了起來。他的話語充滿深度，能談的事包羅萬象，於是我們交上了朋友。

另一位也是我的好朋友，在旅館的櫃台工作。她是那種克勤克儉，從早工作到晚的員工，當她停下手邊工作的時候。大概也是睡覺的時間，而她住的地方則是老闆分給她像工寮一般的小房間，晚上老鼠還會跑到屋頂上開Party。

我常笑她，過著灰姑娘的日子卻沒有遇上灰姑娘的好運。這位好朋友的

單純善良讓我很喜歡她，但是當我趴在櫃台邊看她把帳單的帳算到亂七八糟的樣子，又很受不了。有時候，會覺得她會過這樣的日子，一定和她不太聰明有關。那時是這麼想的。

後來當我和那位歐洲鄰居相處得越久，發生在我們身邊大大小小的事情漸漸加入了話題，我才發現，他的主觀意識之強烈，對人對事都充滿先入為主的觀念，從不站在對方立場著想，缺乏同情和憐憫。我發現他有智慧，卻自私。

而另一件事情的發生，開始讓我對這兩位個性極端不同的朋友產生迷惑。

我那位有些笨又刻苦的朋友，看到我和男友在對街吵架，之後男友氣沖沖載著一個女孩子離開的情形。

我過了街，神色自若地向她打招呼，她跑了過來，一副比我還受傷的樣子。

「怎麼了？」我愣了一下。

「我看到妳的遭遇覺得心裡好痛，因為妳是我的朋友啊！」

我深深被她感動，我反倒沒她難過的樣子，急忙安慰她說：「沒事、沒事。分了倒好。」

後來她還是三不五時跑來探望、關心著我。

一天，那歐洲鄰居拒絕借打火機給身旁的人，並向我抱怨了一堆對方又懶又不求上進的話，我不禁陷入沉思了。

沒錯，一個有腦筋、反應快，能與你思想如打乒乓球似地接招的人，你喜歡和對方談話，但他的行為卻自私得令人受不了。

另一位不太聰明，老是對不上話的朋友，卻對人充滿憐憫。

人沒有十全十美，「善良而愚笨」和「聰明而自私」，這兩種朋友，你會選擇哪一種？

或許在我們生長的環境裡，沒有這兩種極端性格的人，大部分的人是介在中間，而且還算聰明。

可是人一旦越來越想比別人更精明，就會運用更多的手段來達成自己的目的，得到金錢、事業、愛情，但同時我們心中那種設身處地，為人著想的善良本性也隨之淹沒了。

小至人與人之間的鬥爭、冷漠，大到這世界的混亂，不都是因為人們太過聰明的關係嗎？

多年來，我的朋友不斷汰換，而真正陪伴長久的，正是那些善良而不太聰明的朋友，也許他們很難在社會上爭過別人，或擁有什麼權勢地位，但是他們卻是最真誠的，不會在你成功時前來巴結，當你失敗時撒手離去。他們隨時傾聽，關心你的一切，在他們身邊你會找到一處安心的樂園，不必時時刻刻擔心你的形象。

所以，如果你夠聰明了，還要聰明的朋友幹嘛？

國家圖書館出版品預行編目資料

不管人生有多複雜，至少你的心可以簡單一點 / 徐竹著
·——初版——新北市：晶冠，2020.08
面；公分·——（時光菁萃系列 ；7）

ISBN 978-986-98716-7-9（平裝）

1. 修身　2. 生活指導

192.1　　109009051

時光薈萃　07

不管人生有多複雜，至少你的心可以簡單一點

作　　者　徐竹
副總編輯　林美玲
特約編輯　謝函芳
封面設計　王心怡
內頁插畫版權　Shutterstock, Inc. / YummyBuum、Maria Skrigan
出版發行　晶冠出版有限公司
電　　話　02-7731-5558
傳　　真　02-2245-1479
E-mail　ace.reading@gmail.com
部 落 格　http://acereading.pixnet.net/blog
總 代 理　旭昇圖書有限公司
電　　話　02-2245-1480（代表號）
傳　　真　02-2245-1479
郵政劃撥　12935041 旭昇圖書有限公司
地　　址　新北市中和區中山路二段352號2樓
E-mail　s1686688@ms31.hinet.net
旭昇悅讀網　http://ubooks.tw/
印　　製　福霖印刷有限公司
定　　價　新台幣320元
出版日期　2020年08月 初版一刷
ISBN-13　978-986-98716-7-9

※本書為改版書，
原書名為《 好想法，決定好人生【全集】》。